RAPPORT

ADRESSÉ

à M. le Ministre de l'Agriculture

ET

à M. le Préfet du Nord.

RÉPUBLIQUE FRANÇAISE

DÉPARTEMENT DU NORD

CHAMPS

DE DÉMONSTRATION ET D'EXPÉRIENCES AGRICOLES

DE 1891-92

RAPPORT

DE

M. Louis COMON,

PROFESSEUR DÉPARTEMENTAL D'AGRICULTURE

LILLE,

IMPRIMERIE L. DANEL,

1893

LIN

Lorsqu'en 1887, je commençai mes études sur le lin, mes recherches portèrent sur deux points :

1º Le mode de fumure ;

2º Les variétés.

La période de *recherches*, commencée dans le Pas-de-Calais en 1887 fut continuée jusqu'en 1890 dans le Nord. Les résultats très concordants, obtenus de 1887 à 1890, m'engagèrent l'année suivante à clore la période de recherches, pour entrer dans celle de vulgarisation, en établissant trente-sept champs de démonstration. Mon rapport sur les essais de 1891, qui en donne les résultats se terminait par les considérations suivantes :

« Nous n'avons pas cru devoir détailler outre mesure, et discuter comme nous en avions l'intention, les résultats qu'on a pu lire plus haut. Ils n'en valaient certes pas la peine, car la saison végétative des lins a été absolument pluvieuse, anormale et désastreuse.

Voulant propager une variété vigoureuse, et des formules de fumures actives, l'année a été particulièrement défavorable à nos essais, et si nous n'avions pas dû prouver nos efforts, nous n'aurions certes pas publié les résultats consignés plus haut, puisqu'ils étaient si peu dignes d'intérêt.

Si l'été 1891 a été si peu clément, les personnes qui ont suivi les différentes périodes de la végétation des lins, ont néanmoins pu se rendre compte des aptitudes des variétés mises en présence, car chacun sait que si de malencontreux orages n'étaient venus contrarier nos essais, nous aurions obtenu des résultats magnifiques dans la presque totalité de nos champs.

« En examinant l'ensemble des observations qui ont été faites, et qui ont été sommairement reproduites pour chaque champ sous la rubrique « végétation » il ressort, que le lin de Pskoff lève plus tôt que la tonne et la sous-tonne de Riga ; qu'il prend immédiatement une avance qu'il conserve normalement jusqu'à la récolte. Sa végétation est toujours plus vigoureuse, et sa couleur meilleure. Sa taille est invariablement plus élevée que celle du Riga. Il est toujours moins branchu, mais donne peu de graines. Par contre, sa qualité textile est meilleure.

Pourvu de ces caractères, il devrait constamment donner plus de rendement en lin battu. Cette qualité, il ne l'a pas eue en 1891, parce qu'étant plus élevé, la plupart du temps plus fin de tige, il présentait une résistance moins grande à la verse. Aussi, le voit-on toujours culbuter le premier, et, les pluies continuant, pourrir sur place. Pour éviter cette pourriture, on a été obligé le plus souvent d'arracher le Pskoff avant le Riga. Que l'on ait procédé à cet arrachage trop hâtif, ou que l'on ait attendu, le Pskoff s'est trouvé en état d'infériorité manifeste, car pendant ce temps, le Riga moins long, et par suite moins versé, continuait à croître, et à mûrir.

Il n'en résulte pas moins que le Pskoff a des qualités essentielles, qui se sont montrées, et sont restées évidentes malgré la déplorable saison de 1891.

Cette variété nous est fournie par la maison Vilmorin, qui livre la graine à un prix tellement élevé (100 fr. les 100 kilos) que nous n'oserions jamais, étant donné le peu d'avantage que procure aujourd'hui la culture du lin, la recommander à nos cultivateurs, si nos expériences précédentes ne nous avaient démontré (ce que M. H. de Vilmorin nous a affirmé d'ailleurs lui-même) que le lin de Pskoff peut se cultiver d'une manière continue chez nous, et même s'améliorer. Dans ces conditions, l'inconvénient du prix de la graine tombe de lui-même, et il est d'autant moins à prendre en considération, que nous espérons en cette année 1892 essayer des graines de Pskoff d'origine, d'un prix beaucoup moins élevé en lesquelles nous avons une certaine confiance; cependant, en supposant qu'elles donnent de bons résultats, nous ne pouvons savoir actuellement si ce lin possédera au même degré que celui de la maison Vilmorin, la propriété de se réensemencer et de s'améliorer dans notre contrée.

L'année 1891, disions-nous plus haut, a été défavorable aux lins forts, et c'est pour cette raison que nos expériences de fumures, elles aussi, ont été manquées en partie. Nos essais antérieurs nous avaient prouvé que, toutes circonstances égales, les fumures aux tourteaux et nitrate fort en faveur dans les arrondissements de Lille, Douai, Valenciennes, Cambrai, donnaient souvent beaucoup de poids, mais peu de qualité, et une mauvaise couleur, par suite de l'excès d'azote livré d'une manière continue à la végétation, ce qui ne permet pas assez à la plante de mûrir en temps voulu, ces fumures étant presque toujours dépourvues de l'élément potasse, indispensable au lin.

D'autre part, les fumures de l'arrondissement de Dunkerque comprennent presque généralement des superphosphates et du nitrate ; ces compositions donnent peu de poids, mais une certaine qualité.

En tâtonnant, nous sommes arrivé à combiner les deux systèmes ; nous conservons une partie des tourteaux et ajoutons, comme on a pu le voir, des superphosphates, des sels de potasse, et un mélange d'azote nitrique et ammoniacal. Les doses, et même les éléments varient suivant les cas, et nous cherchons surtout dans notre comparaison, à ne dépenser comme fumure d'essai, que la somme immobilisée en fumure témoin.

Ce système de fumure, excellent en année moyenne, s'est montré trop actif en année pluvieuse comme la campagne 1891, et nos lins d'essai étant devenus très forts ont été culbutés les premiers. Il en est résulté que nos fumures ont donné un produit qui a mal mûri, et perdu par suite, toute sa qualité.

Quoiqu'il en soit, nous avons trop de foi en notre lin de Pskoff, et en notre système de fumure, pour abandonner notre démonstration. Nous recommençons nos essais en 1892, nous en augmentons même l'importance ; c'est avec confiance que nous en attendons les résultats. »

Si l'été de 1891 avait été, comme on vient de le voir, défavorable aux lins longs, celui de 1892 a présenté des caractères absolument opposés.

Si l'excessive sécheresse n'a pas, dans certains cas, permis aux fumures de produire toute leur action, elle a été très favorable pour l'appréciation des caractères spéciaux des lins de Pskoff ; c'est ce qui donne une importance toute particulière aux essais démonstratifs de 1892.

Le nombre des champs avait été porté à 57 ; dans 28 d'entre eux,

j'avais établi simultanément des essais de fumures, et des essais de
variétés ; les 29 autres comportaient seulement des expériences de
variétés.

Ainsi qu'on le verra dans l'exposé descriptif relatif à chaque
champ, le système de fumure d'essai était le même qu'en 1891 et les
années précédentes ; mais on pourra remarquer en 1892, une légère
tendance de ma part à abaisser les doses en engrais azotés, redoutant
les suites d'une croissance trop rapide, qui, par les temps pluvieux
(que l'on doit toujours supposer) peut amener, ou plutôt aggraver les
inconvénients constatés en 1891. D'ailleurs (nous le verrons plus loin),
l'aptitude à la croissance qu'ont les lins de Pskoff peut permettre les
doses d'azote moins élevées ; on peut considérer ce fait comme l'un
des avantages de ces variétés.

Je n'avais fait usage, jusqu'en 1891 comme lin de Pskoff, que de la
variété que M. Vilmorin livre au commerce sous le nom de « *Pskoff
amélioré russe* ». En 1892, j'ai mis en comparaison de cette excellente
variété, du lin de *Pskoff russe* provenant d'une des meilleures maisons
de graines de lin de Russie, et qui me fut livré par M. Vallet de Lille.
Nous verrons que ce lin présente bien des caractères spéciaux
distinctifs qui se rapprochent énormément, et qui distinguent le lin
de Pskoff amélioré russe de M. Vilmorin, et que les résultats qu'il
donnait en 1892, le placent, comme la variété Vilmorin, bien au-
dessus des lins de Riga cultivés exclusivement chez nous, et que
nous avons eu soin de prendre partout comme témoins.

Essais de fumures et de variétés.

M. Victor BECUWE, à Zeggers-Cappel

Contenance totale des essais................ 30 ares 36
Contenance des parcelles................... 5 ares 06
Nombre des parcelles : 6.

Nature du sol. — Argilo-siliceux.

Plantes précédentes. — 1890 Féveroles, fumées au fumier, et ayant rendu 27 hectolitres.

1891 Blé avec fumier de ferme et nitrate de soude. Produit : 31 hectolitres.

Dernier lin. — 1879.

Engrais et façons mécaniques donnés à la totalité de la pièce de terre. — 1 labour avant l'hiver, 567 k. de superphosphates. 1 hersage.

Nature des essais :

VARIÉTÉS :
- Lin de Tonne de Riga..................... (parcelles 1 et 2).
- Lin de Pskoff amélioré russe (Vilmorin). (parcelles 3 et 4).
- Lin de Pskoff russe (Vallet)............. (parcelles 5 et 6).

FUMURES :

Fumure témoin (parcelles 1-3-5)
Superphosphates...... 567k. à l'hect. | Dépense à l'hectare
Purin............... 122h. — | 128 fr. 80
Nitrate............. 142k. — |

Fumure d'essai (parcelles 2-4-6)
Superphosphates...... 567k. à l'hect. | Dépense à l'hectare
Sulfate de Potasse... 175k. — | 128 fr. 82
Sulfate d'Ammoniaque. 83k. — |
Nitrate de soude..... 100k. — |

Épandage des engrais d'essai. — Le 26 Mars, le sulfate de Potasse a été enfoui à l'extirpateur. La moitié du sulfate d'Ammoniaque et du nitrate a été semée en couverture de suite après la graine, la seconde moitié à la levée.

Semailles. — 2 Avril.

Levée. — Pskoff Vilmorin et Riga le 16 avril ; Bonne. Pskoff russe le 18, mais beaucoup plus clair que les 2 autres variétés.

Végétation. — La sécheresse a fait beaucoup de mal à tous les lins. Au 15 juin, les deux Pskoff au début paraissaient en retard sur le Riga ; la fumure témoin semblait également produire plus de végétation que la fumure d'essai.

Au 1er juillet, les deux Pskoff reprenaient la tête, mais les parcelles à fumure d'essai restaient légèrement inférieures.

Récolte. — 10 juillet pour le Pskoff Vilmorin.
13 juillet pour les 2 autres variétés.

Tableau des rendements :

VARIÉTÉS	Tonne de Riga		Pskoff Vilmorin		Pskoff russe	
FUMURES	témoin	essai	témoin	essai	témoin	essai
Numéros des parcelles	1	2	3	4	5	6
Rendements à l'hectare en lin en graines	5978	5830	6324	6334	4758	4357
Rendements à l'hectare en lin battu	4109	4071	5830	5840	4026	3686
Valeur marchande des 100k. de lin battu	20 fr.	20 fr.	18 fr.	18 fr.	20 fr.	20 fr.
Rendements à l'hectare en lin roui	3573	3490	4997	5006	3451	3159
Rendements à l'hectare en lin teillé	893.2	872.5	1249.2	1251.5	796.4	729.1
Valeur marchande des 100k. de lin teillé	165 fr.	165 fr.	155 fr.	155 fr.	165 fr.	165 fr.
Rendements à l'hectare en graine	1099	876	505	502	721	660
Valeur marchande des 100k. de graine	32 fr.	32 fr.	40 fr.	40 fr.	40 fr.	40 fr.
Poids de l'hectolitre de graine	70 kil.	70 kil.	70 kil.	70 kil.	70 kil.	70 kil.
Hauteur moyenne des tiges	0.75	0.75	0.80	0.80	0.80	0.80
Résistance à la verse	bonne	bonne	bonne	bonne	bonne	bonne
Précocité	tardive	tardive	précoce	précoce	tardive	tardive
Couleur de la paille à la maturation	bonne	bonne	bonne	bonne	bonne	bonne
Qualité de la paille	bonne	bonne	bonne	bonne	bonne	bonne
Qualité de la graine	bonne	bonne	bonne	bonne	bonne	bonne

(Résultats certifiés par Becuwe et A. Carton)

	Lin battu	Graines
Fumure d'essai	4532	679
Fumure témoin	4675	775
Pskoff Vilmorin	5835	503
Riga Tonne	4120	987
Pskoff russe	3856	690

Moyennes des rendements à l'hectare.

Produits bruts en argent à l'hectare :

VARIÉTÉS.	Tonne de Riga.		Pskoff Vilmorin.		Pskoff russe.	
FUMURES.	témoin	essai	témoin	essai	témoin	essai
	fr.	fr.	fr.	fr.	fr.	fr.
Produit brut { en lin battu...	833.80	814.20	1049.40	1051.20	805.20	737.20
en graine...	351.68	280.32	202.00	200.80	288.40	264.00
{ total	1185.48	1090.52	1251.40	1252.00	1093.60	1001.20
Produit brut définitif........	1185.48	1090.52	1251.40	1251.98	1093.60	1001.18
(Différence de dépense en engrais déduite)						

			Différences à l'hectare sur le témoin.
Moyennes des produits bruts définitifs à l'hectare.	{ Fumure d'essai	1114 fr. 55	— 62 fr. 27
	Fumure témoin	1176 fr. 82	
	{ Riga	1137 fr. 99	
	Pskoff Vilmorin	1251 fr. 69	+ 113 fr. 70
	Pskoff russe.........	1047 fr. 89	— 90 fr. 10

Appréciation des résultats. — Suivant M. Bécuwe, et les cultivateurs de la commune, les parcelles à fumure d'essai auraient été beaucoup plus fortes que les autres, si la sécheresse n'avait pas entravé la végétation.

Le Pskoff Vilmorin rend plus en paille, mais moins en graine.

M. A. BERTRAND, à Merville.

Contenance totale des essais............	40 ares.
Contenance des parcelles................	10 ares.
Nombre des parcelles	4

Nature du sol. — Argilo-siliceux.

Plantes précédentes. — 1890, Pommes de terre ; rend¹ 12,000 k.
1891, Blé ; rend¹ 36 hectolitres.

Dernier lin. — Cette pièce n'a jamais porté de lin.

Engrais et façons mécaniques, donnés à la totalité de la pièce de terre. — Déchaumage à l'extirpateur ; un labour ; un fumier, puis un second labour.

Nature des essais. :

VARIÉTÉS	Lin de Tonne de Riga (parcelles 1 et 2).
	Lin de Pskoff amélioré russe (Vilmorin) (parcelles 3 et 4).

FUMURES

Fumure témoin (parcelles 1-3-5)
- Fumier.
- Engrais Bompain........ 600 k. à l'hectare.
  - (Az. 9 0/0)
  - (Potasse 5 0/0)
  - (Acide phosphorique 6 0/0)

Dépense à l'hect⁺ᵉ 147 fr.

Fumure d'essai (parcelles 2-4-6)
- Fumier............
- Tourteaux de Ricin .... 300 k. à l'Hᵐ —
- Superphosphates 13/15 ...... 400 —
- Sulfate de Potasse 90 .... 200 —
- Sulfate d'ammoniaque 20/21 .. 80 —
- Nitrate de soude .... 100 —

Dépense à l'hect⁺ᵉ 146 fr.

Épandage des engrais. — Les tourteaux de ricin, les superphosphates et les sels de potasse ont été enfouis le 10 Mars, par 2 hersages.

La moitié de la dose du sulfate d'ammoniaque et du nitrate a été semée en couverture après la graine, la seconde moitié à la levée.

Semailles. — 26 mars.

Levée. — 2 avril pour le Pskoff.
4 avril pour le Riga.
La levée a été bonne.

Végétation. — Le Pskoff a eu une végétation irrégulière, il a beaucoup souffert de la sécheresse, surtout dans les parcelles à engrais d'essai.

La végétation s'est ensuite régularisée à la suite de quelques pluies, le Pskoff a atteint alors plus de taille. — C'est à ce moment que les engrais d'essai ont commencé à produire leur effet.

Au moment de la récolte, les parcelles d'essai avaient meilleure couleur.

Récolte. — 11 juillet.

Tableau des rendements :

VARIÉTÉS	Tonne de Riga		Pskoff Vilmorin	
FUMURES	témoin	essai	témoin	essai
Numéros des parcelles	1	2	3	4
Rendements à l'hectare en lin en graines	7487	7123	6827	6650
Rendements à l'hectare en lin battu	6220	6150	5750	5620
Valeur marchande des 100 kil. de lin battu	20 fr.	21 fr.	23 fr.	23 fr.
Rendements à l'hectare en lin roui	4650	4600	4350	4200
Rendements à l'hectare en lin teillé	1550	1600	1610	1740
Valeur marchande des 100 kil. de lin teillé	100 fr.	100 fr.	130 fr.	130 fr.
Rendements à l'hectare en graine	979	930	815	744
Valeur marchande des 100 kil. de graine	25 fr.	25 fr.	24 fr.	24 fr.
Poids de l'hectolitre de graine	76 kil.	75 kil.	73 kil.	70 kil.
Hauteur moyenne des tiges	0.69	0.72	0.85	0.78
Résistance à la verse	bonne	bonne	bonne	bonne
Précocité	moyenne	précoce	moyenne	précoce
Couleur de la paille à la maturation	passable	bonne	passable	bonne
Qualité de la paille	passable	bonne	bonne	bonne
Qualité de la graine	bonne	bonne	bonne	passable

(Résultats certifiés par MM. Boulluguez, Rogerès, Degraeve)

		Lin battu	Graine
	Fumure d'essai	5885	837
Moyennes des rendements à l'hectare.	Fumure témoin	5985	897
	Pskoff Vilmorin	5685	779
	Riga	6185	954

Produits bruts en argent à l'hectare.

VARIÉTÉS	Tonne de Riga		Pskoff Vilmorin	
FUMURES	témoin	essai	témoin	essai
Produit brut.. { en lin battu	1244 »	1291 50	1322 50	1292 60
en graine	244 75	232 50	195 60	178 56
Total	1488 75	1524 »	1518 10	1471 16
Produit brut définitif (Différence de dépense en engrais déduite.)	1487 75	1524 »	1517 10	1471 16

			Différences à l'hectare sur le témoin.
Moyennes des produits bruts définitifs à l'hectare.	Fumure d'essai....	1497 fr. 58.	— 4 fr. 84
	Fumure témoin....	1502 fr. 42.	
	Riga................	1505 fr. 87.	
	Pskoff Vilmorin....	1494 fr. 13.	— 11 fr. 74

Appréciation des résultats. — Suivant la Commission de pesée, le lin de Riga a donné une paille de qualité moindre que le Pskoff, mais il donne plus de grain.

Les engrais d'essai ont eu une influence salutaire sur la couleur et la qualité de la paille. — Ceci semble assez curieux, l'engrais témoin (engrais Bompain) ayant une composition analogue à celle de la fumure d'essai.

M. François BONNEVILLE, à Fontaine-au-Pire

Nous avions établi chez M. Bonneville, un champ à deux fumures et à trois variétés. La sécheresse a rendu la récolte tellement anormale, que M. Bonneville, a été autorisé à ne pas récolter ni peser à part, les produits des différentes parcelles.

M. Omer BRISBART, à Ebblinghem

Contenance totale des essais.................. 28 ares 12
Contenance des parcelles....................... 7 ares 03
Nombre de parcelles: 4.

Nature du sol. — Argileux.

Récoltes précédentes. — 1890 : Trèfle avec superphosphates ; Rendement : 6000 kil.
1891 : Blé avec fumier : Rend^t : 25 hl.

Dernier lin. — 1882.

Engrais et façons mécaniques donnés à la totalité de la pièce. — Un labour avant l'hiver ; 900 kil. superphosphates.

Nature des essais :

VARIÉTÉS. { Lin de Tonne de Riga (parcelles 3 et 4)
{ Lin de Pskoff amélioré russe (Vilmorin) (parcelles 1 et 2)

FUMURES..
{
  Fumure témoin (parcelles 2 et 4)
  {
    Superphosphates ..... 900 kil. à l'hect.
    Engrais Berthier ..... 500 —
  }
  Dépense à l'hect. 196 fr.

  Fumure d'essai (parcelles 1 et 3)
  {
    Tourteaux de Ricin ... 430 kil. à l'hect.
    Superphosphates ..... 900 —
    Sulfate de potasse ... 200 —
    Sulfate d'ammoniaque 80 —
    Nitrate de soude ..... 100 —
  }
  Dépense à l'hect. 195 fr. 90
}

Épandage des engrais. — Les tourteaux et le sulfate de potasse ont été enfouis à l'extirpateur avant les semailles.

La moitié du sulfate d'ammoniaque et du nitrate a été semée en couverture après les semailles, la seconde moitié à la levée.

Semailles. — 31 mars.

Levée. — Pskoff : 12 avril.

Riga : 15 avril.

Bonne.

Végétation. — Toutes les parcelles ont également souffert de la sécheresse. Au 15 juin on ne voyait que peu de différence entre les différentes parcelles. Au 1er juillet, le lin Pskoff et la fumure d'essai semblaient l'emporter.

Récolte. — 25 juillet.

Tableau des rendements :

VARIÉTÉS	Pskoff-Vilmorin		Riga-Tonne	
FUMURES	essai	témoin	essai	témoin
Numéros des parcelles	1	2	3	4
Rendements à l'hectare en lin en graines	4430	4400	4342	4282
Rendements à l'hectare en lin battu	3714	3685	3491	3428
Valeur marchande des 100 kil. de lin battu	18 fr.	16 fr.	16 fr.	16 fr.
Rendements à l'hectare en graine	714	714	857	857
Valeur marchande des 100 kil. de graine	26 fr.	26 fr.	26 fr.	26 fr.
Poids de l'hectolitre de graine	75 kil.	75 kil.	75 kil.	75 kil.
Hauteur moyenne des tiges	0.70	0.70	0.60	0.60
Résistance à la verse	bonne	bonne	bonne	bonne
Précocité	moyenne	moyenne	moyenne	moyenne
Couleur de la paille à la maturation	bonne	bonne	bonne	bonne
Qualité de la paille	bonne	bonne	bonne	bonne
Qualité de la graine	bonne	bonne	bonne	bonne

(Résultats certifiés par MM. A. Dessonneville, Depecker, Lefebvre.)

		Lin battu	Graine
Moyenne des rendements à l'hectare.	Fumure d'essai	4386	785
	Fumure témoin	3556	785
	Pskoff Vilmorin	3699	714
	Riga (tonne)	3459	857

Produits bruts en argent à l'hectare :

	Pskoff Vilmorin		Riga-Tonne.	
	essai	témoin	essai	témoin
Produit brut. en lin battu	668.52	589.60	558.56	548.50
en graine	185.60	185.60	222.80	222.80
Total	854.12	775.20	781.36	771.30
Produit brut définitif	854.22	775.20	781.46	771.30
(Différence de dépense en engrais déduite).				

			Différences sur les témoins
Moyennes des produits bruts définitifs à l'hectare.	Fumure d'essai	817 fr. 84	
	Fumure témoin	773 fr. 25	+ 34 fr. 59
	Riga-Tonne	776 fr. 38	
	Pskoff Vilmorin	814 fr. 71	+ 38 fr. 33

Appréciation des résultats. — M. Brisbart donne la préférence à l'engrais d'essai, qui donne un peu plus de rendement, et a permis au lin de mieux résister à la sécheresse.

Il préfère également le Pskoff, qui a plus de taille, plus de rendement et pas de sous lin.

M. Armand CABOTSE, à Bollezeele.

Contenance totale des essais .... 36 ares.
Contenance des parcelles .... 6 ares.
Nombre de parcelles : 6.

Nature du sol. — Argilo-siliceux.

Plantes précédentes. — 1890 : Trèfle avec 300 kil. superphosphates ;
Rendement : 6000 kil.

1891 : Blé ; Rendement : 27 hectolitres.

Dernier lin. — 1883.

Façons mécaniques données avant les travaux de semailles. —
2 labours et 3 hersages.

Nature des essais :

VARIÉTÉS.	Lin de Tonne de Riga .... (parcelles 1 et 2).	
	Lin de Pskoff amélioré russe (Vilmorin)... (parcelles 3 et 4).	
	Lin de Pskoff russe (Vallet)................. (parcelles 5 et 6).	

FUMURES.	Fumure témoin (parcelles 2-4-6).	Superphosphates .... kil. à l'hect.	Dépense à l'hectare 54 fr.
		Purin .... —	
	Fumure d'essai (parcelles 1-3-5).	Tourteaux de Ricin ... 400 kil. à l'hect.	Dépense à l'hectare 114 fr. 80
		Superphosphates........ 300 —	
		Sulfate de potasse..... 100 —	
		Sulfate d'ammoniaque. 120 —	

Épandage des engrais. — Les tourteaux, superphosphates,
sulfate de potasse ont été enfouis à l'extirpateur le 25 Mars. On a
ensuite donné 3 hersages. Après les semailles, épandage de la moitié
du sulfate d'ammoniaque et 2 hersages ; 6 jours après les semailles
1 roulage. A la levée semaille en couverture de la seconde moitié
du sulfate d'ammoniaque.

Semailles. — 26 Mars.

Levée. — 5 Avril, très bonne pour les 3 variétés.

Végétation. — La végétation a beaucoup souffert de la très grande
sécheresse, jusqu'au 23 Juin époque de la 1re pluie. Toutes les
parcelles ont également souffert. Le lin est resté très court. Le lin de
Pskoff Vilmorin avait une légère avance, un peu plus de taille, mais
une couleur plus jaune de meilleur augure.

Quant aux engrais, ils ont produit leur effet malheureusement
trop tard, mais l'œil distinguait néanmoins la supériorité des

parcelles à engrais d'essai, surtout dans le carré N° 3, ensemencé en Pskoff Vilmorin et N° 4 en Pskoff russe.

La floraison du Riga s'est effectuée 4 jours avant celle des autres variétés.

Tableau des rendements.

	Riga-tonne		Pskoff Vilmorin		Pskoff russe Vallet	
	Essai	Témoin	Essai	Témoin	Essai	Témoin
Numéros des parcelles	1	2	3	4	5	6
Rendements à l'hectare en lin en graines	3567	2975	3175	2592	3333	2508
Rendements à l'hectare en lin battu....	2500	2042	2833	2292	2900	2208
Valeur marchande des 100 kg de lin battu	17 fr.	17 fr.	18 fr.	18 fr.	17 fr.	17 fr.
Rendements à l'hectare en graines......	1067	933	342	300	434	300
Valeur marchande de 100 kg de graines.	28 fr.	28 fr.	30 fr.	30 fr.	30 fr.	30 fr.
Poids de l'hectolitre de graines........	72 kil.	72 kil.	74 kil.	74 kil.	74 kil.	74 kil.
Hauteur moyenne des tiges............	0.40	0.40	0.45	0.45	0.45	0.45
Résistance à la verse................	bonne	bonne	bonne	bonne	bonne	bonne
Précocité..........................	moy.	moy.	précoce	précoce	précoce	précoce
Couleur de la paille à la maturation....	passabl.	passabl.	bonne	bonne	bonne	bonne
Qualité de la paille	passabl.	passabl.	bonne	bonne	bonne	bonne
Qualité de la graine	passabl.	passabl.	bonne	bonne	bonne	bonne

(Résultats certifiés par MM. F. Bourdon, Vanhoelaere, Cabotse).

		Lin battu	Graine
	Fumure d'essai........	2774	614
	Fumure témoin..........	2180	511
Moyennes des rendements à l'hectare...	Pskoff Vilmorin..........	2562	321
	Riga-Tonne............	2271	1000
	Pskoff russe (Vallet)......	2554	367

Produits bruts en argent à l'hectare :

		Riga-Tonne		Pskoff Vilmorin		Pskoff russe Vallet	
		Essai	Témoin	Essai	Témoin	Essai	Témoin
Produit brut......	En lin battu......	425	347	509.9	412.5	493.0	375.4
	En graine........	298.7	261.2	102.6	90.0	130.2	90.0
	Total	723.7	608.2	612.5	502.5	623.2	465.4
Produit brut définitif.................		622.9	608.2	551.7	502.5	562.4	465.4
(Différence de dépense en engrais déduite).							

			Différences sur les témoins
Moyennes des produits bruts définitifs à l'hectare.	Fumure d'essai	579 fr. 0.	+ 53 fr. 70
	Fumure témoin	525 fr. 3.	
	Riga Tonne	615 fr. 5.	
	Pskoff Vilmorin	527 fr. 1.	— 98 fr. 4
	Pskoff russe (Vallet).	513 fr. 9.	— 101 fr. 60

Appréciation des résultats. — Les tableaux de rendements donnent une supériorité incontestable à la fumure d'essai, et aux deux lins de Pskoff sur le Riga. Cette supériorité disparaît en grande partie pour la fumure d'essai dans les produits bruts définitifs , car celle-ci a à supporter une réduction considérable par suite de ce que la dépense en engrais des parcelles 1-3-5 surpasse de 60 fr. 80 celle des parcelles témoin.

Nous avons également à constater, que le très grand produit en graine fourni par le Riga, compense largement son faible rendement en lin battu. Dans ces conditions, les excédents de rendement des 2 Pskoff, deviennent négatifs.

———

M. CATRY, à Bousbecque.

Contenance totale des essais............................ 36 ares
Contenance des parcelles............................ 6 ares
Nombre des parcelles 6

Nature du sol. — Argileux.

Cultures précédentes. — 1890 : Betteraves , avec tourteaux de colza, sulfate d'ammoniaque et fumier. — Rendement 77,000 kil.

    »   1891. — Avoine ; Rendement 66 hect.

Dernier lin. — 1884.

Façons mécaniques préliminaires. — Un déchaumage en septembre, un premier labour en octobre, un second labour fin novembre.

Nature des essais :

VARIÉTÉS . . . { Lin de tonne de Riga (parcelles 1 et 2).
{ Lin de Pskoff amélioré russe (Vilmorin) (parcelles 3 et 4).
{ Lin de Pskoff (Vilmorin) sous tonne (parcelles 5 et 6).

FUMURES . . {

Fumure témoin (parcelles 2, 4, 6). { Tourteaux de Pavot 1540 kil. à l'hect. } Dépense à l'hect. 222 fr. 50

Fumure d'essai (parcelles 1, 3, 5). {
Tourteaux de pavot 600 kil. à l'hect.
Superphosphates..... 400 —
Sulfate de potasse ... 300 —
Sulfate d'ammoniaque 100 —
Plâtre................ 500 —
} Dépense à l'hect. 223 fr. 30

Épandage des engrais. — Les tourteaux, les superphosphates et le sulfate de potasse ont été épandus le 20 mars, et enfouis à l'extirpateur. — La moitié du sulfate d'ammoniaque semée après la graine, et la seconde moitié à la levée.

Semailles : 8 avril.

Levée. — Pskoff Vilmorin le 20 avril.

— Pskoff Vilmorin, sous tonne le 22 et le Riga à la même date. Bonne pour les 3 variétés.

Végétation. — Toutes les parcelles ont beaucoup souffert de la sécheresse, mais les pluies de la fin de juin ont remis les lins. A cette époque, le Pskoff Vilmorin tenait la tête. Le Pskoff Vilmorin sous tonne était le plus faible.

A ce moment, l'influence des engrais était manifeste : Les fumures d'essais étaient supérieures aux fumures témoin chez les 3 variétés.

Au 1er juillet le Pskoff sous tonne et le Riga étaient en graines. Le Pskoff Vilmorin portait encore quelques fleurs.

Récolte. — 9 juillet.

Tableau des rendements :

VARIÉTÉS	Riga-tonne		Pskoff Vilmorin		Pskoff Vilmorin sous tonne	
FUMURES	essai	témoin	essai	témoin	essai	témoin
Numéros des parcelles...	1	2	3	4	5	6
Rendements à l'hect. en lin en graines..	6050	5150	6650	6083	4966	4466
Rendements à l'hectare en lin battu....	3850	3630	5500	5280	3900	3190
Valeur marchande de 100 k. de lin battu.	16 fr.	15 fr. 50	22 fr.	21 fr.	13 fr.	12 fr.
Rendements à l'hect. en graine	501	498	398	390	605	594
Valeur marchande de 100 kil. de graine.	30 fr.	30 fr.	30 fr.	30 fr.	27 fr.	27 fr.
Poids de l'hectolitre de graine	70 kil.	70 kil.	71 kil.	71 kil.	68 kil.	68 kil.
Hauteur moyenne des tiges.............	0.95	0.92	1.10	1.07	0.78	0.75
Résistance à la verse	bonne	bonne	passabl.	passabl.	bonne	bonne
Précocité	moyen.	moyen.	précoce	précoce	moyen.	moyen.
Couleur de la paille à la maturation....	bonne	bonne	bonne	bonne	passabl.	passabl.
Qualité de la paille	bonne	bonne	t. bonne	t. bonne	passabl.	passabl.
Qualité de la graine...................	bonne	bonne	bonne	bonne	bonne	bonne

		Lin battu	Graine
Moyennes des rendements à l'hectare	Fumure d'essai.............	4216	501
	Fumure témoin.............	4033	494
	Pskoff Vilmorin	5390	394
	Riga tonne................	3740	499.5
	Pskoff Vilmorin sous-tonne	3245	599.5

Produits bruts en argent à l'hectare :

VARIÉTÉS	Riga tonne		Pskoff Vilmorin		Pskoff Vilmorin sous-tonne.	
FUMURES	essai	témoin	essai	témoin	essai	témoin
Produit brut. { en lin battu.	616.0	562.6	1210.0	1108.8	429.0	382.8
en graine...	150.3	149.4	119.4	117.0	163.3	160.4
Total...	766.3	712.	1329.4	1225.8	592.3	543.2
Produit brut définitif...	765.5	712.	1328.6	1225.8	591.5	543.2
(Différence de dépense en engrais déduite).						

			Différences sur les témoins
Moyennes des produits bruts définitifs à l'hectare	Fumure d'essai............	895 fr. 2	+ 68.2 fr. »
	Fumure témoin.........	827 fr. »	
	Riga tonne.............	738 fr. 7	
	Pskoff Vilmorin.........	1277 fr. 2	+ 538.5 fr. »
	Pskoff Vilmorin sous-tonne................	567 fr. 3	— 171 fr. 4

Appréciation des résultats. — La fumure d'essai l'emporte en poids et en produit en argent sur la fumure témoin de 68 fr. 20.

Pour les variétés, le Pskoff Vilmorin arrive en tête, avec une très forte avance ; cette différence se maintient comme produit en argent ; elle s'élève à 538 fr. 50, ce qui est énorme.

Le Pskoff Vilmorin sous tonne au contraire est bien inférieur, comme rendement en lin battu, comme qualité de filasse, et comme produit en argent, à la tonne de Riga, et son produit brut est moins de moitié que celui de Pskoff Vilmorin.

Ceci semble infirmer la confiance que j'avais l'an dernier en la non dégénérescence du lin de Pskoff. J'espère qu'il n'en est rien heureusement ; ce fait, que nous retrouverons dans plusieurs champs, provient certainement de ce que les lins de 1891, ont fort mal mûri leur graine par suite des intempéries. Cette graine était vide et de très mauvaise qualité. La graine récoltée en 1892 au contraire est récoltée dans d'excellentes conditions, et c'est seulement en 1893 que nous pourrons juger en connaissance de cause de la valeur des lins produits par les graines de sous tonne de Pskoff Vilmorin.

Un fait curieux est encore à constater ; c'est le rendement moyen en graine de ce même lin de Pskoff sous tonne : Il est supérieur de 100 k. à celui du lin de Riga, et de 200 k. à celui du Pskoff Vilmorin.

———

M. A. CHARLET, à Noordpeene.

Contenance totale des essais............................. 60 ares.
Contenance des parcelles............................. 10 ares.
Nombre des parcelles : 6.

Nature du sol. — Argilo-siliceux.

Cultures précédentes. — 1890 : Féveroles, fumées avec des boues de ville.

Rendement 24 hectolitres à l'hectare.

1891 : Blé avec trèfle, fumure au fumier.

Rendement 45 hectolitres à l'hectare.

Dernier lin. — 1882.

Fumures et façons mécaniques données après la récolte sur toute l'étendue du champ. — A l'arrière saison le trèfle a été enfoui par un labour assez profond.

Nature des essais :

VARIÉTÉS { Lin de sous tonne de Riga (parcelles 1 et 2).
Lin de Pskoff amélioré russe (Vilmorin) (parcelles 3 et 4).
Lin de Pskoff russe (Vallet) (parcelles 5 et 6).

FUMURES	Fumure témoin (parcelles 1-3-5)	Superphosphates..... 800 kil. à l'hect. Nitrate de soude..... 300 Id.	Dépense à l'hect 122 fr.
	Fumure d'essai (parcelles 2-4-6)	Tourteaux de Sésame 300 kil. à l'hect. Superphosphates .... 300 Id. Sulfate de potasse... 150 Id. Sulfate d'ammoniaq. 80 Id. Nitrate de soude..... 100 Id.	Dépense à l'hect. 145 fr. 70

Epandage des engrais. — Les tourteaux, superphosphates et sulfate de potasse ont été enfouis à l'extirpateur. La moitié du sulfate d'Ammoniaque et du nitrate a été semée en couverture après la graine, et la seconde moitié à la levée.

Semailles. — 25 mars.

Levée. — Excellente pour toutes les variétés ;
Pskoff Vilmorin : 4 avril.
Pskoff russe (Vallet) : 6 avril.
Riga sous Tonne reposée : 10 avril.

Végétation. — La sécheresse a retardé la végétation, mais les deux Pskoff ont toujours eu plus de vigueur, et un meilleur aspect que le Riga. — Ils ont, de plus, mieux résisté à la brûlure. — Au 15 juin, les Pskoff avaient une hauteur de 0 m. 70, tandis que le Riga n'atteignait que 0 m. 48.

La sécheresse a dû entraver complètement l'effet des engrais. — Les bandes témoin et d'essai ont toujours montré le même aspect.

Récolte. — 12 juillet.

Tableau des rendements :

VARIÉTÉS	Riga-sous-Tonne		Pskoff-Vilmorin		Pskoff russe Vallet	
FUMURES	témoin	essai	témoin	essai	témoin	essai
Numéros des parcelles	1	2	3	4	5	6
Rendements à l'hectare en lin en graine	6320	6320	6500	6500	6700	6700
Rendements à l'hectare en lin battu	5620	5620	5800	5800	5000	5000
Valeur marchande des 100 k. de lin battu	13 fr.	13 fr.	15 fr.	15 fr.	18 fr.	18 fr.
Rendements à l'hectare en lin roui	5350	5350	5500	5500	5660	5660
Rendements à l'hectare en lin teillé	1600	1600	1950	1950	2000	2000
Valeur marchande des 100 k. de lin teillé	100 fr.	100 fr.	100 fr.	100 fr.	100 fr.	100 fr.
Rendements à l'hectare en graine	700	700	700	700	700	700
Valeur marchande des 100 k. de graine	28.5	28.5	28.5	28.5	28.5	28.5
Poids de l'hectolitre de graine	71 kil.	71 kil.	71 kil.	71 kil.	71 kil.	71 kil.
Hauteur moyenne des tiges	0 m. 82	0 m. 82	0 m. 91	0 m. 91	0 m. 98	0 m. 98
Résistance à la verse	bonne	bonne	bonne	bonne	bonne	bonne
Précocité	moyen.	moyen.	précoce	précoce	précoce	précoce
Couleur de la paille à la maturation	passabl.	passabl.	moyen.	moyen.	bonne	bonne
Qualité de la paille	bonne	bonne	bonne	bonne	bonne	bonne
Qualité de la graine	bonne	bonne	bonne	bonne	bonne	bonne

(Résultats certifiés par MM. A. Charlet, J. Charlet, A. Blondé, Vermerch, Persyn et Herlin).

	Lin battu	Graine
Fumure d'essai	5475	700
Fumure témoin	5475	700
Pskoff Vilmorin	5800	700
Riga sous Tonne	5620	700
Pskoff russe (Vallet)	5000	700

Moyennes des rendements à l'hectare.

Produits bruts en argent à l'hectare :

VARIÉTÉS	Riga-sous-Tonne.		Pskoff Vilmorin		Pskoff russe (Vallet)	
FUMURES	témoin	essai	témoin	essai	témoin	essai
	fr.	fr.	fr.	fr.	fr.	fr.
Produit brut { en lin battu...	730.6	730.6	870.0	870.0	900.0	900.1
{ en graine....	199.5	199.5	199.5	199.5	199.5	199.5
{ total,........	930.1	930.1	1069.5	1069.5	1099.5	1099.5
Produit brut définitif......... (Différence de dépense en engrais déduite).	930.1	930.1	1069.5	1069.5	1099.5	1099.5

N. B. — Il n'y a pas lieu de déduire l'excédent de dépenses en engrais, car les parcelles de fumure témoin ou d'essai n'ont pas été pesées séparément.

		Différences sur les témoins.
Moyennes des produits bruts définitifs à l'hectare. { Fumure d'essai...... 1033 fr.		= 0
Fumure témoin...... 1033 fr.		
Riga sous Tonne .... 930 fr. 1		
Pskoff Vilmorin..... 1069 fr. 5		+ 139 fr. 40
Pskoff russe Vallet.. 1099 fr. 5		+ 168 fr. 90

Appréciation des résultats. — Le Pskoff russe (Vallet) l'emporte par suite de la qualité de sa paille, sur le Pskoff Vilmorin. Quant au Riga, il est resté inférieur.

M. DECROOCQ, à Pitgam

Un champ de 30 ares de deux fumures et de trois variétés avait été installé chez M. Decroocq, de Pitgam, sur sa demande.
M. Decroocq ne m'a adressé aucun résultat.

M. DEMAY, à Carnin

Contenance totale des essais .... 12 ares
Contenance des parcelles...................... 2 ares
Nombre de parcelles : 6.

Nature du sol. — Silicéo argileux.

Cultures précédentes. — 1890 : Trèfle donné en vert.
1891 : Avoine ; Rendement 3200 kil.

Dernier lin. — N'a jamais porté de lin.

Engrais et façons mécaniques appliqués à la totalité de la pièce. — Une demi-fumure, 200 hectol. purin à l'hectare et cendrée de chaux. Un extirpage et un labour fin hiver.

Nature des essais :

VARIÉTÉS.. { Lin de Tonne de Riga (parcelles 1 et 2).
Lin de Pskoff amélioré russe (Vilmorin) (parcelles 3 et 4).
Lin de Pskoff russe (Vallet) (parcelles 5 et 6).

FUMURES.. { Fumure témoin (parcelles 1-3-5) .... Dépense à l'hect. 180 fr.

Fumure d'essai (parcelles 2-4-6) { Superphosphates....... 300 kil. à l'hect. / Chlorure de potassium. 200 — / Sulfate d'ammoniaque.. 80 — / Nitrate de soude....... 100 — } Dépense à l'hect. 111 fr. 20

Épandage des engrais. — Les superphosphates et le chlorure de potassium ont été enfouis à l'extirpateur. La moitié du sulfate d'ammoniaque et du nitrate a été semée en couverture après la graine, et la seconde moitié de ces engrais de la même façon à la levée.

Semailles. — 14 avril.

Levée. — La levée s'est faite à la même époque pour toutes les variétés. Elle était complète le 26.
La levée a été plus régulière pour les 3 parcelles à fumure d'essai.

Végétation. — Il semble que la bande à fumure témoin a souffert davantage de la sécheresse.
Peu de différence entre les autres parcelles, jusqu'à la fin de juin.
Vers le 1er juillet, le Pskoff Vilmorin, un peu plus clairsemé que les 2 autres variétés, paraissait le plus fort, mais il était suivi de près par le Pskoff russe.
Quant aux fumures, la bande à engrais d'essai paraissait supérieure.

Récolte. — 20 juillet.

Tableau des rendements :

VARIÉTÉS	Riga-Tonne		Pskoff-Vilmorin		Pskoff russe (Vallet)	
FUMURES	témoin	essai	témoin	essai	témoin	essai
Numéros des parcelles	**1**	**2**	**3**	**4**	**5**	**6**
Rendements à l'hectare en lin en graines	4321	4836	4454.5	5498.5	5310	6130
Rendements à l'hectare en lin battu	2820	2920	2920	3610	3610	4081
Valeur marchande des 100 k. de lin battu	17 fr.	17 fr.	18 fr.	18 fr.	17 fr.	17 fr.
Rendements à l'hectare en graine	801	1110	792	972	815	1027
Valeur marchande des 100 kil. de graine	28 fr.	28 fr.	28 fr.	28 fr.	28 fr.	28 fr.
Poids de l'hectolitre de graine	68 kil.	68 kil.	68 kil.	68 kil.	68 kil.	68 kil.
Hauteur moyenne des tiges	0.64	0.67	0.70	0.75	0.74	0.78
Résistance à la verse	bonne	bonne	bonne	bonne	bonne	bonne
Précocité	moyen.	moyen.	précoce	précoce	précoce	précoce
Couleur de la paille à la maturation	bonne	bonne	bonne	bonne	bonne	bonne
Qualité de la paille	bonne	bonne	bonne	bonne	bonne	bonne
Qualité de la graine	bonne	bonne	bonne	bonne	bonne	bonne

(Résultats certifiés par MM. J.-B. Demay, L. Boitel, G. Descamps, L. Bloy.)

		Lin battu	Graine
	Fumure d'essai	3537	1036
	Fumure témoin	3116	802.60
Moyenne des rendements à l'hectare.	Pskoff Vilmorin	3265	882
	Riga-Tonne	2870	955.50
	Pskoff russe (Vallet)	3845	921

Produits bruts en argent à l'hectare :

		Riga-Tonne		Pskoff Vilmorin		Pskoff russe Vallet	
		témoin	essai	témoin	essai	témoin	essai
Produit brut	en lin battu	479.4	496.4	525.6	649.8	613.7	693.8
	en graine	224.3	310.8	221.7	272.1	230.3	295.5
	Total	703.7	807.2	746.3	921.9	844.»	989.3
Produit brut définitif		703.7	876.»	746.3	990.7	844.»	1058.1
(Différence de la dépense en engrais déduite).							

				Différences sur les témoins
Moyennes, des produits bruts définitifs à l'hectare.	Fumure d'essai	974.9		+ 210.30
	Fumure témoin	764.6		
	Riga	789.8		
	Pskoff Vilmorin	868.5		+ 78.70
	Pskoff russe (Vallet)	951.»		+ 161.20

Appréciation des résultats. — Le Pskoff russe, qui dans les derniers moments de la végétation avait beaucoup regagné, produit le plus en lin battu et en argent.

Quant à la fumure d'essai, elle donne un excédent de produit brut de 210 fr. 30 à l'hectare sur la fumure témoin.

M. DÉRAM, à Merckeghem.

Contenance totale des essais .... 60 ares.

Contenance des parcelles.......................... 10 ares.

Nombre de parcelles .... 6.

Nature du sol. — Argile à silex.

Cultures précédentes. — 1890 : Feveroles au fumier.

1891 : Blé et lupuline avec une demi fumure au fumier-nitrate.

Dernier lin. — 1874.

Engrais et façons mécaniques appliqués à toute la pièce. — Labour en novembre pour l'enfouissement des minettes ; application de purin à raison de 120 hectolitres à l'hectare.

Nature des essais :

VARIÉTÉS..	Lin de Tonne de Riga .... (parcelles 1 et 2).
	Lin de Pskoff amélioré russe (Vilmorin) (parcelles 3 et 4).
	Lin de Pskoff russe (Vallet).......................... (parcelles 5 et 6).

FUMURES...	Fumure témoin (parcelles 1-3-5).	Purin................. 120ᵏ à l'hect. Superphosphates......... 600ᵏ — Nitrate................. 150ᵏ —	Dépense à l'hectare 150 fr.
	Fumure d'essai (parcelles 2-4-6).	Purin................. 120ᵏ à l'hect. Superphosphates......... 300ᵏ — Sulfate de potasse...... 110ᵏ — Sulfate d'ammoniaque... 100ᵏ —	Dépense à l'hectare 150 fr. 30

Epandage des engrais. — Les superphosphates et sels de Potasse ont été épandus le 15 mars et enfouis au binot. La moitié du sulfate d'Ammoniaque après la graine, l'autre moitié à la levée.

Semailles. — 28 Mars.

Levée. — Bonne : Pskoff Vilmorin..... le 8 avril.
Pskoff russe........ 10 avril.
Riga.............. 13 avril.

Végétation. — Le Pskoff russe et le Riga ont le plus souffert de la sécheresse. Le Pskoff Vilmorin au 15 juin paraissait le plus avancé. Le Riga était le plus faible.

La fumure témoin était plus faible que la fumure d'essai.

Récolte. — 15 juillet.

M. Deram s'est contenté de peser le lin en graines. Ce sont les seuls chiffres que nous pouvons donner :

Pskoff Vilmorin.... { Fumure témoin... 4020
Fumure d'essai... 4200

Riga Tonne........ { Fumure témoin... 3820
Fumure d'essai... 3890

Aucun chiffre n'a été fourni pour le Pskoff russe (Vallet).

M. Jean DHALLUIN, à Bousbecque

Contenance totale des essais....................... 30 ares
Contenance des parcelles........................ 5 ares
Nombre de parcelles : 6

Nature du sol. — Argileux.

Cultures précédentes. — 1890 Avoine avec 165ᵏ de sulfate d'ammoniaque à l'hectare.

Rendements 56 hectolitres à l'hectare.

1891 Hivernage et navets, après l'hivernage, bonne fumure complète, et un
bon labour pour les navets.

Rendements., bonne récolte d'hivernage
et de navets.

Dernier lin. — 1885.

Nature des essais :

VARIÉTÉS...
Lin de Tonne Riga .... (parcelles 1 et 2).
Lin de Pskoff amélioré russe (Vilmorin). (parcelles 3 et 4)
Sous Tonne de Pskoff Vilmorin (récolte
d'Halluin) .... (parcelles 5 et 6).

FUMURES..

Fumure
témoin
(parcelles
2-4-6).
Tourteaux de Payot.... 1540ᵏ à l'hect.
Dépense
à
l'hectare
223ᶠ 30

Fumure
d'essai
(parcelles
1-3-5).
Tourt. de pavot poudre. 600ᵏ à l'hect.
Superphosphates 13/15. 400ᵏ —
Sulfate de Potasse 90. 300ᵏ —
Sulfate d'Ammon. 20/21 100ᵏ —
Plâtre ½ cuit........... 500ᵏ —
Dépense
à
l'hectare
222ᶠ 50

Épandage des engrais. — Les tourteaux, les sels de potasse, les
superphosphates ont été enfouis le 15 mars, par un labour léger
suivi d'un hersage.

La moitié du sulfate d'ammoniaque a été semée en couverture après
la graine, et la seconde moitié à la levée.

Semailles. — 8 avril.

Levée. — La levée a été bonne pour les trois variétés, le Pskoff
Vilmorin avait une légère avance.

Végétation. — Jusqu'au 18 juin, la bande à fumure d'essai
restait très inférieure, mais après les deux journées de pluie que l'on
eut à ce moment, elle reprit vigueur.

Le Pskoff Vilmorin tint constamment la tête, et le Pskoff sous tonne resta le moins bon.

Récolte — 10 juillet.

Tableau des rendements :

VARIÉTÉS	Tonne de Riga		Pskoff Vilmorin		Sous tonne de Pskoff Vilmorin	
FUMURES	essai	témoin	essai	témoin	essai	témoin
Numéros des parcelles	**1**	**2**	**3**	**4**	**5**	**6**
Rendements à l'hectare en lin en graines	5800	5200	6500	6200	4800	4500
Rendements à l'hectare en lin battu	3770	3700	5480	5360	3400	3150
Valeur marchande des 100 kg de lin battu	17 fr. 50	16 fr. 50	23 fr. »	21 fr. »	12 fr. »	11 fr. 50
Rendements à l'hectare en graine	490	460	395	380	600	550
Valeur marchande des 100 kg de graines	30 fr.	30 fr.	30 fr.	30 fr.	28 fr.	28 fr.
Poids de l'hectolitre de graine	71 kil.	71 kil.	72 kil.	72 kil.	69 kil.	69 kil.
Hauteur moyenne des tiges	0.93	0.90	1.12	1.05	0.80	0.78
Résistance à la verse	bonne	bonne	versé et relevé		bonne	bonne
Précocité	moyen.	moyen.	précoce	précoce	moyen.	moyen.
Couleur de la paille à la maturation	bonne	bonne	très bonne	très bonne	moyen.	moyen.
Qualité de la paille	bonne	bonne	très bonne	très bonne	passabl.	passabl.
Qualité de la graine	bonne	bonne	bonne	bonne	bonne	bonne

		lin battu	graines
	Fumure d'essai	4216	495
	Fumure témoin	4070	463
Moyennes des rendements à l'hectare	Pskoff Vilmorin	5420	390
	Riga tonne	3735	475
	Sous tonne Pskoff Vilmorin	3275	575

Produits bruts en argent à l'hectare :

VARIÉTÉS		Tonne de Riga		Pskoff Vilmorin		Sous tonne de Pskoff Vilmorin (Récolte Catry 1891).	
FUMURES		essai	témoin	essai	témoin	essai	témoin
		fr. c.	fr. c.	fr. c.	fr. c.	fr. c.	fr. c.
Produit brut	en lin battu	648 75	610 50	1260 40	1125 60	408 »	362 25
	en graine	147 »	138 »	118 50	114 »	168 »	154 »
	Total	795 75	748 50	1378 90	1239 60	576 »	516 25
Produit brut définif		794 95	748 50	1378 40	1239 60	575 20	516 25
(Différence de dépense en engrais déduite).							

			Différences sur les témoins
	Fumure d'essai.......	916 fr. 08.	+ 71 fr. 28
Moyennes	Fumure témoin.......	834 fr. 80.	
des produits bruts définitifs	Riga tonne..........	771 fr. 72.	
à l'hectare.	Pskoff Vilmorin	1308 fr. 80.	+ 537 fr. 08
	S. tonne de Pskoff Vilmor.	545 fr. 72.	— 226 fr. »

Appréciation des résultats. — Les phénomènes analogues à ceux que je signalais chez M. Catry, de la même localité, se sont reproduits. La fumure d'essai, comme il était à prévoir, l'emporte en rendement et en argent. Le Pskoff Vilmorin tient de beaucoup la tête pour les variétés et le Pskoff Vilmorin sous tonne ne vient qu'après le lin de Riga, avec une différence considérable. — Nous ne pouvons invoquer que la mauvaise qualité de la graine de Pskoff récoltée en 1891 pour expliquer cette infériorité.

M. DUBRULLE, à Ebblinghem.

Contenance totale des essais...................... 40 ares.

Contenance des parcelles .... 10 ares.

Nombre de parcelles : 4

Nature du sol. — Argilo-siliceux.

Plantes précédentes. — 1890 : Betteraves : Rendement 60,000 k.

» 1891 : Blé avec demi-fumure.

Dernier lin. — 1872.

Engrais mis sur la totalité de la pièce en hiver. — 110 hect. purin.

Nature des essais :

VARIÉTÉS.. { Lin de tonne de Riga (parcelles 3 et 4).
{ Lin de Pskoff amélioré russe (Vilmorin), (parcelles 1 et 2).

FUMURES	Fumure témoin (parcelles 2 et 4)	Purin (avant l'hiver) 110 hect. à l'hectare Purin id. id. Tourteaux, colza, 1200 kil. à l'hectare	Dépense à l'hect. 306 fr.
	Fumure d'essai (parcelles 1 et 3)	Purin (avant l'hiver) 110 hect. à l'hectare Tourteaux de pavot 600 kil. id. Superphosphates . 400 kil. id. Sulfate de potasse 300 kil. id. Sulfate d'ammon. 100 kil. id. Nitrate de soude . 100 kil. id. Plâtre................ 300 kil. id.	Dépense à l'hect. 305 fr. 50

Épandage des engrais. — Le purin a été mis avant l'hiver, les tourteaux, les superphosphates, sulfate de potasse et plâtre enfouis à l'extirpateur. La moitié du sulfate d'ammoniaque et du nitrate a été semée après la graine, la seconde moitié à la levée.

Semailles — 15 mars.

Levée. — 28 mars pour les 2 variétés. Elle s'est effectuée dans de bonnes conditions.

Végétation. — La végétation a été bonne. Le Pskoff a toujours conservé de l'avance sur le Riga et la bande d'engrais d'essai l'emportait également sur celle à engrais témoin.

Récolte. — 11 juillet.

Malgré les différences bien caractéristiques signalées dans les renseignements sur la végétation qui m'ont successivement été adressés par mon correspondant, et ensuite dans son rapport sur la récolte, M. Dubrulle ne me transmet aucun chiffre permettant d'apprécier les résultats donnés par les deux fumures, et, dans les rendements fournis par les deux variétés, je ne constate qu'une seule différence, c'est celle relative au prix du lin battu. C'est ce qui me permet d'établir les deux tableaux suivants :

Tableau des rendements :

	Pskoff Vilmorin	Tonne de Riga
Numéros des parcelles	1-2	3-4
Rendements à l'hectare en lin en graines	6000	6000
Rendements à l'hectare en lin battu	3700	3700
Valeur marchande de 100 kilogs de lin battu	18 fr.	16 fr.
Rendements à l'hectare en graine	852	852
Valeur marchande de 100 kilogs de graine	27 fr.	27 fr.
Poids de l'hectolitre de graine	71 kil.	71 kil.
Hauteur moyenne des tiges	0.95	0.85
Résistance à la verse	bonne	bonne
Précocité	précoce	moyenne
Couleur de la paille à la maturité	bonne	bonne
Qualité de la paille	bonne	bonne
Qualité de la graine	bonne	bonne

Produits bruts en argent à l'hectare :

		Pskoff Vilmorin	Tonne de Riga
Produit brut...	En lin battu	666 fr.	592 fr.
	En graine	230 »	230 »
	Total	896 fr.	822 fr.
Différence sur le témoin		+ 74 »	

M. J.-B. FRANQUET, à Nomain.

Contenance totale des essais .... 18 ares.
Contenance des parcelles .... 3 ares

Nombre de parcelles : 6.

Nature du Sol. — Siliceo-argileux.

Cultures précédentes. — 1880, betteraves porte-graines, avec tourteaux et nitrate ; Rendement 2800 kilog. — 1891, Blé avec nitrate ; Rendement 38 hectol.

Dernier lin. — 1881.

Façons mécaniques données avant l'hiver. — Déchaumage, hersage et labour.

Nature des essais :

VARIÉTÉS....
{
Lin de tonne de Riga (parcelles 1 et 2).
Lin de Pskoff amélioré russe (Vilmorin) (parcelles 3 et 4).
Lin de Pskoff russe (Vallet) (parcelles 5 et 6).
}

FUMURES....
{
Fumure témoin (parcelles 1-3-5) { Engrais Debaisieux 1000 kil. à l'hect^re. } Dépense à l'hectare 210 fr.

Fumure d'essai (parcelles 2-4-6. {
Tourteau de Sésame 400 kil. à l'hectare
Superphosphates.... 300 id.
Sulfate de Potasse.. 300 id.
Sulfate d'Ammoniaq. 100 id.
Nitrate de soude..... 200 id.
Plâtre............... 300 id.
} Dépense à l'hectare 210 fr. 50
}

Epandage des engrais. — Les tourteaux, superphosphates, sulfate de Potasse et Plâtre, ont été enfouis le 14 mars à l'extirpateur. La moitié du sulfate d'ammoniaque et du nitrate de soude a été semée en couverture après la graine ; la seconde moitié à la levée.

Semailles. — 19 Mars.

Levée. — 28 Mars pour le Pskoff Vilmorin et le Pskoff russe, et le 1er avril pour le Riga. Elle a été bonne pour toutes les variétés.

Végétation. — La sécheresse a fait languir la végétation ; la bande à engrais témoin a le plus souffert.

Les deux Pskoff ont constamment conservé leur avance sur le Riga.

A la maturité, la supériorité des deux Pskoff et de la bande à engrais d'essai paraissait incontestable.

Récolte. — 10 Juillet.

Tableau des rendements :

VARIÉTÉS	Riga-Tonne		Pskoff Vilmorin		Pskoff russe Vallet	
FUMURES	témoin	essai	témoin	essai	témoin	essai
Numéros des parcelles	1	2	3	4	5	6
Rendements à l'hectare en lin en graines	1980	2210	2310	2310	2310	2310
Rendements à l'hectare en lin battu	2475	2475	2740	2740	2740	2740
Valeur marchande des 100ᵏ de lin battu	20 fr.	20 fr.	22 fr.	22 fr.	22 fr.	22 fr.
Rendements à l'hectare en graine	666	666	600	600	600	600
Valeur marchande des 100 k. de graine	31	31	31	31	31	31
Poids de l'hectolitre de graine	72 kil.	72 kil.	72 kil.	72 kil.	72 kil.	72 kil.
Hauteur moyenne des tiges	0.65	0.65	0.75	0.75	0.75	0.75
Résistance à la verse	bonne	bonne	bonne	bonne	bonne	bonne
Précocité	moyen.	moyen.	précoce	précoce	précoce	précoce
Couleur de la paille à la maturation	bonne	bonne	bonne	bonne	bonne	bonne
Qualité de la paille	bonne	bonne	bonne	bonne	bonne	bonne
Qualité de la graine	bonne	bonne	bonne	bonne	bonne	bonne

[Résultats certifiés par MM. Lemaire et d'Henry].

Moyennes des rendements à l'hectare.	Lin battu	Graine
Fumure d'essai	2651.5	622
Fumure témoin	2651.5	622
Pskoff Vilmorin	2740	600
Riga Tonne	2475	666
Pskoff russe (Vallet)	2740	600

Produits bruts en argent à l'hectare :

VARIÉTÉS	Riga-tonne		Pskoff Vilmorin		Pskoff russe Vallet	
FUMURES	Témoin	Essai	Témoin	Essai	Témoin	Essai
Produit brut — En lin battu	495.	495.	602.8	602.8	602.8	602.8
En graine	206.4	206.4	186.	186.	186.	186.
Total	701.4	701.4	788.8	788.8	788.8	788.8
Produit brut définitif	701.4	700.9	788.8	788.3	788.8	788.3

(Différence de dépense en engrais déduite).

	Différences sur les témoins

			Différences sur les témoins
Moyennes des produits bruts définitifs à l'hectare.	Fumure d'essai	759 fr. 15.	— 0 fr. 50
	Fumure témoin	759 fr. 75.	
	Riga Tonne	701 fr. 15.	
	Pskoff Vilmorin.....	788 fr. 55.	+ 87 fr. 40
	Pskoff russe (Vallet)	788 fr. 55.	+ 87 fr. 40

Appréciation des résultats. — Quoiqu'ayant constaté des différences très sensibles entre les deux fumures, M. Franquet n'a pas pesé séparément les produits témoin et essai de chaque variété, ce qui est regrettable. La fumure d'essai ayant un prix de revient de 0 fr. 50 de plus à l'hectare, les produits bruts définitifs de cette fumure sont abaissés de cette somme, et cela suffit pour la mettre en perte, de cette même petite somme, sur la fumure témoin, ce qui est faux, puisque les renseignements sur la végétation, les appréciations du rapport de récolte de M. Franquet, établissent que la bande d'essai était bien supérieure à la bande témoin.

Mme Veuve GRAS, à Nomain

Contenance totale des essais .... 54 ares

Contenance des parcelles .... 9 ares

Nombre des parcelles : 6

Nature du sol. — Argilo-siliceux.

Cultures précédentes. — 1890 Cameline et porte graines de betteraves avec parcage et fumier.

1891 Blé sans engrais ; Rendements 28 hectolitres à l'hectare.

Dernier lin. — 1884.

Engrais et façons mécaniques appliqués sur la totalité de la pièce. — Déchaumage, chaux et labours d'hiver.

3

Nature des essais :

VARIÉTÉS.. { Lin de Sous Tonne de Riga .... (parcelles 1 et 2).
Lin de Pskoff amélioré russe (Vilmorin). (parcelles 5 et 6).
Lin de Pskoff russe (Vallet) .... (parcelles 3 et 4).

FUMURES... {

Fumure témoin (parcelles 1-3-5) {
Chaux........................ 5500^k à l'hect.
Tourteaux Sésame..... 550^k —
Nitrate................. 110^k —
} Dépense à l'hect. 102^{fr} sans la chaux.

Fumure d'essai (parcelles 2-4-6) {
Chaux .... 5500^k à l'hect
Tourteaux de Ricin .... 400^k —
Superphosphates ...... 200^k —
Sulfate de Potasse..... 200^k —
Sulfate d'Ammoniaque. 80^k —
Nitrate de soude........ 100^k —
Plâtre.................. 300^k —
} Dépense à l'hectare 148^{fr} 20

Épandage des engrais. — Les tourteaux, superphosphates, sulfate de Potasse et plâtre ont été enfouis le 20 mars à l'extirpateur. La moitié du sulfate d'ammoniaque et du nitrate a été semée en couverture après la graine et la seconde moitié à la levée.

Semailles. — 2 Avril.

Levée. — Le Pskoff Vilmorin et le Pskoff Sous Tonne le 9 avril. Le Riga le 11 avril. La levée a été bonne pour toutes les variétés.

Végétation. — Le Riga a semblé souffrir de la sécheresse à un plus haut degré que les Pskoff. Ceux-ci ont pris de l'avance dès le début, et l'ont conservée jusqu'à la fin. Peu de différence entre les deux Pskoff.

La bande fumure d'essai a également été meilleure pendant toute la végétation.

Récolte. — 7 Juillet.

Tableau des rendements :

VARIÉTÉS	Riga sous tonne		Pskoff Vilmorin Sous tonne		Pskoff Vilmorin	
FUMURES	témoin	essai	témoin	essai	témoin	essai
Numéros des parcelles	1	2	3	4	5	6
Rendements à l'hectare en lin en graines	8062	6061	4921	4921	4921	4921
Rendements à l'hectare en lin battu	2695	2695	3352	3352	3352	3352
Valeur marchande des 100ᵏ. de lin battu	15 fr.	15 fr.	19 fr.	19 fr.	19 fr.	19 fr.
Rendements à l'hectare en graine	606,20	606,20	492,20	492,20	492,20	492,20
Valeur marchande des 100ᵏ. de graine	20 fr.	20 fr.	20 fr.	20 fr.	20 fr.	20 fr.
Poids de l'hectolitre de graine	75 kil.	75 kil.	75 kil.	75 kil.	75 kil.	75 kil.
Hauteur moyenne des tiges	0.70	0.70	0.90	0.90	0.90	0.90
Résistance à la verse	bonne	bonne	bonne	bonne	bonne	bonne
Précocité	tardive	tardive	moyen	précoce	moyen	précoce
Couleur de la paille à la maturation	passabl.	passabl.	bonne	bonne	bonne	bonne
Qualité de la paille	passabl.	passabl.	bonne	bonne	bonne	bonne
Qualité de la graine	bonne	bonne	bonne	bonne	bonne	bonne

(Résultats certifiés par MM. Léon Gres, Gossart, Meurisse).

	Lin battu	Graine
Fumure d'essai	3133	530.2
Fumure témoin	3133	530.2
Pskoff Vilmorin	3352	492.2
Riga sous tonne	2695	606.20
Pskoff Vilmorin sous tonne	3352	492.2

Moyennes des rendements à l'hectare

Produits bruts en argent à l'hectare :

VARIÉTÉS	Riga sous tonne		Pskoff sous tonne		Pskoff Vilmorin	
FUMURES	témoin	essai	témoin	essai	témoin	essai
Produit brut. en lin battu	404.2	404.2	636.9	636.9	636.9	636.9
en graine	121.2	121.2	98.4	98.4	98.4	98.4
Total	525.4	525.4	735.3	735.3	735.3	735.3
Produit brut définitif (Différence de dépense en engrais déduite)	525.4	479.4	735.4	699.3	735.3	689.3

			Différences sur les témoins
	Fumure d'essai.......	619 fr. 3	— 46 fr. 1
Moyennes	Fumure témoin	665 fr. 4	
des produits bruts définitifs	Riga sous tonne.......	502 fr. 4	
à l'hectare	Pskoff Vilmorin.......	712 fr. 3	+ 209 fr. 9
	Pskoff Vilmorin sous tonne...............	712 fr. 3	+ 209 fr. 9

Appréciation des résultats. — Nous retrouvons ici l'anomalie que nous avons constatée chez M. Franquet. Pas plus que ce dernier, Madame veuve Gras n'a fait peser séparément et pour chaque variété les produits des fumures témoin et essai. Il en résulte, que la fumure témoin coûtant 46 fr. 10 de moins que celle d'essai, cette dernière, quoique constatée supérieure dans le rapport des résultats, donne un résultat négatif de même somme sur le témoin.

Les deux Pskoff donnent un fort excédent de rendement en argent à l'hectare sur le Riga; mais il est également regrettable que les chiffres qui m'ont été fournis soient les mêmes pour les deux variétés.

M. HERBOMMEZ, à Saméon.

Contenance totale des essais....................... 40 ares.

Contenance des parcelles....................... 10 ares.

Nombre des parcelles : 4.

Nature du sol. — Argileux.

Cultures précédentes. — 1890 : Avoine avec fumier.

Rendement 75 hectolitres.

1891 : Blé avec une demi fumure.

Rendement 22 hectolitres.

Dernier lin. — 1879.

Façons mécaniques d'hiver. — Un déchaumage, un labour.

Nature des essais :

VARIÉTÉS .... { Lin de tonne de Riga (parcelles 1 et 2).
Lin de Pskoff amélioré russe (Vilmorin) (parcelles 3 et 4).

FUMURES ..

Fumure témoin (Parcelles 1 et 3) : Engrais Herbommez .... Dépense à l'hect. 130 fr.

Fumure d'essai (parcelles 2 et 4) :
Tourteaux de ricin .... 300 kil. à l'hect.
Superphosphates 300   Id.
Chlorure de potassium 150   Id.
Sulfate d'ammoniaque 80   Id.
Nitrate de soude 100   Id.
Plâtre 200   Id.
Dépense à l'hect. 131 fr. 20

Épandage des engrais. — Le 25 mars, les tourteaux, superphosphates, chlorure de potassium et plâtre, ont été enfouis par labour léger. La moitié du sulfate d'ammoniaque et du nitrate de soude a été semée le 2 avril après la graine en couverture, et la seconde moitié le 12 avril à la levée.

Semailles. — 2 avril.

Levée. — La levée s'est effectuée dans de très bonnes conditions, du 9 au 11 avril pour le Pskoff, et du 10 au 12 pour la tonne de Riga

Végétation. — La sécheresse a beaucoup retardé la végétation, surtout dans la bande à fumure témoin ; aussi la fumure d'essai a semblé, jusqu'à la récolte, devoir donner des excédents sérieux de rendements.

Le lin de Pskoff, quoiqu'irrégulier, a toujours montré une supériorité marquée sur la tonne de Riga.

Récolte. — 8 juillet.

Tableau des rendements :

VARIÉTÉS	Riga-Tonne		Pskoff-Vilmorin	
FUMURES	témoin	essai	témoin	essai
Numéros des parcelles	1	2	3	4
Rendements à l'hectare en lin en graines	4680	5320	4700	5060
Rendements à l'hectare en lin battu	3900	4430	3920	5000
Valeur marchande des 100 kil. de lin battu	22 fr.	25 fr.	23 fr.	26 fr.
Rendements à l'hectare en graine	660	800	420	600
Valeur marchande des 100 kil. de graine	29 fr.	29 fr.	28 fr.	28 fr.
Poids de l'hectolitre de graine	72 kil.	72 kil.	68 kil.	68 kil.
Hauteur moyenne des tiges	0.70	0.80	0.72	0.85
Résistance à la verse	bonne	bonne	bonne	bonne
Précocité	moyenne	moyenne	précoce	précoce
Couleur de la paille à la maturation	bonne	bonne	bonne	bonne
Qualité de la paille	bonne	bonne	bonne	bonne
Qualité de la graine	bonne	bonne	bonne	bonne

(Résultats certifiés par MM. Robert, Lecomte, Herbomnez.)

Moyenne des rendements à l'hectare.	Lin battu	Graine
	kil.	kil.
Fumure d'essai	4715	700
Fumure témoin	3910	540
Pskoff Vilmorin	4460	510
Riga Tonne	4165	730

Produits bruts en argent à l'hectare :

VARIÉTÉS	Riga-Tonne		Pskoff-Vilmorin	
FUMURES	témoin	essai	témoin	essai
Produit brut { En Lin battu	858.0	1107.5	901.6	1300.0
En Graine	191.4	232.0	117.6	168.0
TOTAL	1049.4	1339.5	1019.2	1468.0
Produit brut définitif (Différence de dépense en engrais déduite)	1049.4	1338.3	1019.2	1467.6

Moyennes des produits bruts définitifs à l'hectare.		Différences sur le témoin
Fumure d'essai	1402.9	+ 368 60
Fumure témoin	1034.3	
Riga Tonne	1193.8	
Pskoff Vilmorin	1243.4	+ 49 60

Appréciation des résultats. — Ainsi qu'il était permis de le supposer, c'est entre les fumures que nous trouvons le plus de différences comme rendements, et comme produit argent. La fumure d'essai rapporte 368 fr. 60 de plus à l'hectare, que la fumure témoin.

Le Pskoff présente un excédent de 49 fr. 60 sur le Riga.

M. Alfred LESAFFRE, à Comines.

Contenance totale des essais .... 48 ares.
Contenance des parcelles .... 6 ares.
Nombre de parcelles 8.

Nature du sol. — Siliceo-argileux.

Cultures précédentes. — 1890 : Blé de betteraves après tabac, avec sulfate d'ammoniaque ; Rendement 36 hectolitres.

  »   1891 : Avoine avec nitrate de soude : Rendement 80 hectolitres.

Dernier lin. — 1884.

Façons mécaniques d'hiver. — Déchaumage, labour léger et labour d'hiver.

Nature des essais :

VARIÉTÉS.. { Lin de Sous-Tonne de Riga (parcelles 1-2).
Lin de Pskoff amélioré russe (Vilmorin) (parcelles 5 et 6).
Lin de Pskoff russe (Vallet) (parcelles 7 et 8).
Lin de Pskoff Vilmorin Sous-Tonne (parcelles 3 et 4). }

FUMURES.. { Fumure témoin (parcelles 1-3-5-7). { Purin .... 150 hect. à l'hectare. / Tourteaux pavot 500 kil. id. / Superphosphates 500 kil. id. } Dépense à l'hect. 185 fr.

Fumure d'essai (parcelles 2-4-6-8). { Tourteaux de pavot... 500 kil. à l'hect. / Superphosphates...... 300 id. / Sulfate de potasse..... 250 id. / Sulfate d'ammoniaque 125 id. } Dépense à l'hect. 184 fr. 75 }

Épandage des engrais. — Les tourteaux, les superphosphates et le sulfate de potasse ont été enfouis à l'extirpateur le 20 mars. La moitié du sulfate d'ammoniaque a été mise en couverture après la graine, et la seconde moitié à la levée.

Semailles. — 2 avril.

Levée. — 14 avril pour le Pskoff et 16 avril pour le Riga. Elle a été légèrement irrégulière, mais suffisante.

Végétation. — Le Pskoff sous tonne, mais surtout le Riga, ont beaucoup souffert de la sécheresse.

Au 15 juin, les trois Pskoff montraient déjà une supériorité certaine, mais le Pskoff russe l'emportait, et le Pskoff Vilmorin sous tonne semblait quelque peu meilleur que le Pskoff Vilmorin. Le Riga était le moins fort, quoique plus avancé comme maturation.

La bande à engrais d'essais, dès le début, avait une magnifique végétation, mais dans la suite, la différence qui était assez grande ne s'est pas maintenue ; elle est devenue moins sensible.

Récolte. — 10 juillet.

Tableau des rendements :

VARIÉTÉS	Riga Sous-Tonne		Pskoff-Vilmorin Sous-Tonne		Pskoff-Vilmorin		Pskoff russe (Vallet)	
FUMURES	témoin	essai	témoin	essai	témoin	essai	témoin	essai
Numéros des parcelles	1	2	3	4	5	6	7	8
Rendem. à l'hect. en lin en graine.	4932	5233	5800	6033	5333	5583	6200	6400
Rendements à l'hectare en lin battu	3800	4233	5000	5166	4583	4800	5383	5550
Valeur march. de 100 k. de lin battu	16 fr.	16 fr.	20 fr.	20 fr.	18 fr.	18 fr.	26 fr.	26 fr.
Rendements à l'hectare en graine.	583	666	383	450	283	300	433	500
Valeur march. de 100 kil. de graine.	30 fr.	30 fr.	40 fr.	40 fr.	36 fr.	36 fr.	50 fr.	50 fr.
Poids de l'hectolitre de graine	67.5	68	66	64	62.5	63	66	66
Hauteur moyenne des tiges	0.52	0.53	0.75	0.77	0.74	0.75	0.86	0.87
Résistance à la verse	bonne	bonne	bonne	bonne	bonne	bonne	bonne	bonne
Précocité	préc.	préc.	moyen	moyen	moyen	moyen	tardiv.	tardiv.
Couleur de la paille à la maturation	bonne	bonne	bonne	bonne	bonne	bonne	bonne	bonne
Qualité de la paille	bonne	bonne	bonne	bonne	bonne	bonne	bonne	bonne
Qualité de la graine	bonne	bonne	bonne	bonne	pass.	pass.	bonne	bonne

(Résultats certifiés par MM. Moutardier et Lesaffre).

		Lin battu	Graine
Moyenne des rendements à l'hectare.	Fumure d'essai	4937	479
	Fumure témoin	4691	420
	Pskoff Vilmorin	4691	291.5
	Riga sous Tonne	4016	624.5
	Pskoff-Vilmorin sous Tonne	5083	416.5
	Pskoff russe Vallet	5466	466.5

Produits bruts en argent à l'hectare :

VARIÉTÉS...	Riga sous-Tonne		Pskoff Vilmorin sous-Tonne		Pskoff Vilmorin		Pskoff russe Vallet	
FUMURES....	témoin	essai	témoin	essai	témoin	essai	témoin	essai
	fr.	fr.	fr.	fr.	fr.	fr.	fr.	fr.
Produit brut — en lin battu	608.0	677.3	1000.0	1033.2	824.9	864.0	1399.6	1443.0
— en graine	174.9	199.8	153.2	180.0	101.9	108.0	216.5	250.0
— total	782.9	877.1	1153.2	1213.2	926.8	972.0	1616.1	1693.0
Produit brut définitif. (Différence de dépense en engrais déduite).	782.9	876.9	1153.2	1213.0	926.8	971.8	1616.1	1692.8

			Différences sur le témoin.
Moyennes des produits bruts définitifs à l'hectare.	Fumure d'essai	1188 fr. 6	+ 68 fr. 9
	Fumure témoin	1119 fr. 7	
	Riga sous Tonne	829 fr. 9	
	Pskoff Vilmorin	949 fr. 3	+ 119 fr. 4
	Pskoff Vil. sous Tonne	1183 fr. 1	+ 353 fr. 2
	Pskoff russe Vallet	1654 fr. 4	+ 824 fr. 5

Appréciation des résultats. — Le Pskoff russe l'emporte de beaucoup sur les autres variétés. Le Pskoff Vilmorin ne donne relativement à lui que d'assez faibles résultats argent. Il est inférieur à sa sous Tonne. C'est la qualité réellement très belle de la paille du Pskoff russe qui a fait sa grande supériorité.

La bande à engrais d'essai donne un excédent positif de 68 fr. 90. Cette différence eût été plus forte si les engrais n'avaient pas manqué d'eau, pour se dissoudre entièrement et agir.

M. A. MATRENGHEN, à Loon.

Contenance totale des essais............... 60 ares.
Contenance des parcelles .... 10 ares.
Nombre des parcelles : 6.

Nature du sol. — Siliceo-argilo-humifère.

Cultures précédentes. — 1890 : Blé avec superphosphates et nitrate.
Rendement : 35 hectolitres.

1891 : Avoine avec nitrate : Rend¹ 75 hect.

Dernier lin. — 1877.

Engrais et façons mécaniques d'hiver donnés à toute la pièce. — Un déchaumage, 2 hersages, un labour profond avant l'hiver. — Application de 700 kil. superphosphates à l'hectare.

Nature des essais :

VARIÉTÉS
{ Lin de tonne de Riga (parcelles 1 et 2).
{ Lin de Pskoff amélioré russe (Vilmorin) (parcelles 3 et 4).
{ Lin de Pskoff russe (Vallet) (parcelles 5 et 6).

FUMURES.
Fumure témoin (parcelles 1-3-5).
{ Superphosphates.... 700 kil. à l'hect^re
{ Nitrate de soude...... 300 —
} Dépense à l'hectare 120 fr.

Fumure d'essai (parcelles 2-4-6).
{ Superphosphates..... 700 kil. à l'hect^re
{ Sulfate de Potasse 100 —
{ Sulfate d'ammoniaque 80 —
{ Nitrate de soude ..... 100 —
} Dépense à l'hectare 122 fr. 20

Épandage des engrais. — Mes prescriptions n'ont pas été entièrement suivies. M. Matrenghem a semé tous les engrais en même temps que le lin, car il craignait qu'un enfouissement à l'extirpateur ne soit une cause de déperdition d'humidité, et que les semailles d'engrais azotés en couverture ne produisent aucun effet par suite de l'état de siccité de la terre. Une plus grande partie des engrais azotés a peut-être pu être utilisée, mais le sel de potasse, placé trop superficiellement, n'a probablement pu agir.

Semailles. — 6 avril par temps sec et terre sèche.

Levée. — Pskoff Vilmorin, le 20 avril.

Pskoff russe Vallet, le 23 avril.

Riga, le 27 avril.

M. Matrenghen a remarqué que les trois variétés ont eu une meilleure levée dans la bande à engrais d'essai. Il en conclut (peut-être avec raison) qu'une dose de 300 kil. de nitrate de soude à l'hectare peut contrarier la germination.

Végétation. — La végétation n'a pas été normale à cause de la sécheresse. La bande à fumure d'essai a paru plus en souffrir que la bande témoin.

Au 1er mai, les Pskoff avec fumure d'essai avaient une supériorité marquée; mais dès le 16 mai, leur infériorité devint marquante, aussi, M. Matrenghen leur appliqua en couverture 133 kil. de nitrate de soude à l'hectare.

A la fin de juin, le Riga était beaucoup plus avancé comme floraison, et les 2 Pskoff avaient plus de taille.

Au 1er juillet, il était évident que le Pskoff Vilmorin tiendrait la tête comme rendement en lin battu et comme qualité.

Récolte. — 15 juillet.

Tableau des rendements :

VARIÉTÉS	Riga-tonne		Pskoff Vilmorin		Pskoff russe (Vallet)	
FUMURES	témoin	essai	témoin	essai	témoin	essai
Numéros des parcelles	1	2	3	4	5	6
Rendements à l'hectare en lin en graines	6800	6900	7350	7600	6800	7400
Rendements à l'hectare en lin battu	6160	6240	6635	6850	6180	6680
Valeur marchande des 100 kg de lin battu	18 fr.	18 fr.	21 fr.	21 fr.	20 fr.	20 fr.
Rendements à l'hectare en graines	816	816	630	630	630	630
Valeur marchande des 100 kg de graines	28 fr.	28 fr.	30 fr.	30 fr.	30 fr.	30 fr.
Poids de l'hectolitre de graines	68 kil.	68 kil.	70 kil.	70 kil.	70 kil.	70 kil.
Hauteur moyenne des tiges	0.70	0.75	0.85	0.90	0.80	0.85
Résistance à la verse	bonne	bonne	passabl.	passabl.	passabl.	passabl.
Précocité	moyen.	moyen.	tardive.	tardive.	tardive.	tardive.
Couleur de la paille à la maturation	passabl.	passabl.	bonne	bonne	bonne	bonne
Qualité de la paille	passabl.	passabl.	bonne	bonne	bonne	bonne
Qualité de la graine	passabl.	passabl.	bonne	bonne	bonne	bonne

(Résultats certifiés par MM. Vercoutre, Martel et Courcol).

	Lin battu	Graine
Fumure d'essai	6590 k.	730 k.
Fumure témoin	6325	698
Pskoff Vilmorin	6742	630
Riga tonne	6200	816
Pskoff russe (Vallet)	6430	630

Moyennes des rendements à l'hectare

Produits bruts en argent à l'hectare :

VARIÉTÉS	Riga tonne		Pskoff Vilmorin		Pskoff russe Vallet	
FUMURES	témoin	essai	témoin	essai	témoin	essai
Produit brut { en lin battu	1108.8	1123.2	1393.3	1438.5	1236. »	1336. »
en graine	228.5	228.4	190. »	190. »	190. »	190. »
Total	1337.3	1351.6	1583.3	1628.5	1426. »	1526. »
Produit brut définitif (Différence de dépensé en engrais déduite)	1337.3	1349.4	1583.3	1626.3	1426.1	1323.8

			Différences
Fumure d'essai	1499 fr. 80	+ 51 fr. »
Fumure témoin	1448 fr. 80	
Riga	1343 fr. 30	
Pskoff Vilmorin	1604 fr. 80	+ 261 fr. 50
Pskoff russe (Vallet)	1474 fr. 90	+ 131 fr. 60

Moyennes des produits bruts définitifs à l'hectare

Appréciation des résultats. — Contrairement à ce que les apparences permettaient de supposer, la fumure d'essai l'emporte sur la fumure témoin, en rendements et en produit en argent, seulement il y a lieu de réduire l'excédent de 51 fr. que la première procure, d'une somme de 31 fr. 92 qui représente la valeur du nitrate appliqué par M. Matrenghen pendant la végétation. Cet excédent est donc réduit à 20 fr. 08.

Quant aux variétés, la supériorité des Pskoff est bien nette, surtout celle du Pskoff Vilmorin qui donne un excédent net sur le Riga, de 261 fr. 50 à l'hect^re. M. Matrenghen fait remarquer avec beaucoup de raison, que malgré cela, il ne faut pas supposer que le Pskoff fournira toujours de tels résultats ; l'année sèche de 1892 lui a été favorable, mais ce lin s'élançant très vite, et ne prenant pas assez de corps craint la verse, et ne convient pas aux terres humides ; il pourra convenir particulièrement aux terres légères et sèches. Le Riga au contraire, se corsant davantage convient mieux aux terres marécageuses et aux années humides.

M. A. MEURISSE, à Nomain

Contenance totale des essais.......................... 30 ares
Contenance des parcelles............................. 5 ares
Nombre des parcelles : 6.

Nature du sol. — Argileux.

Plantes précédentes. — 1890 Betteraves fourragères avec fumier et engrais Derôme.
Rendement 55000 kg.
1891 Blé ; Rendement 28 hectolitres.

Dernier lin. — 1872.

Façons mécaniques d'hiver. — Déchaumage, hersage et labour.

Nature des essais :

VARIÉTÉS.	Lin de Tonne de Riga........................	(parcelles 5 et 6).
	Lin de Pskoff amélioré russe (Vilmorin).	(parcelles 1 et 2).
	Lin de Pskoff russe (Vallet)...............	(parcelles 3 et 4).

FUMURES.	Fumure témoin (parcelles 1-3-5).	Engrais Derôme...... 1000^k à l'hect.		Dépense à l'hectare 210^fr
	Fumure d'essai (parcelles 2-4-6).	Tourteaux de Sésame.. 400^k à l'hect.		Dépense à l'hectare 210^fr 50
		Superphosphates...... 300^k —		
		Sulfate de Potasse..... 300^k —		
		Sulfate d'Ammoniaque. 100^k —		
		Nitrate de soude....... 100^k —		
		Plâtre................ 300^k —		

Épandage des engrais. — Le 22 mars, les tourteaux, super-phosphates, sulfate de potasse et plâtre ont été enfouis par 2 façons, à l'extirpateur et un hersage.

La moitié du sulfate d'ammoniaque et du nitrate a été semée en couverture le 2 avril avec la graine, et le reste le 20 après la levée.

Semailles. — 2 avril.

Levée. — Pskoff Vilmorin 10 avril.

Pskoff russe (Vallet) 12 avril.

Tonne de Riga, 12 avril.

Elle a été bonne pour toutes les variétés.

Végétation. — Le Riga principalement a souffert de la sécheresse ; le Pskoff Vilmorin et le Pskoff russe ont toujours conservé sur le Riga une grande supériorité.

La bande à fumure d'essai a toujours été plus forte, mais le lin y avait surtout une meilleure couleur.

Récolte. — 8 juillet

M. Meurisse ayant vendu son lin brut en graines, nous ne pouvons donner que les rendements suivants.

Tableau des rendements.

	Pskoff Vilmorin		Pskoff russe (Vallet)		Tonne de Riga	
	Témoin	Essai	Témoin	Essai	Témoin	Essai
Numéros des parcelles	1	2	3	4	5	6
Rendements à l'hectare en lin en graines	5700	6000	5800	6100	3900	4000
Hauteur moyenne des tiges	0.90	0.97	1.00	1.00	0.75	0.75
Résistance à la verse	bonne	bonne	bonne	bonne	bonne	bonne
Précocité	précoce	bonne	bonne	bonne	tard	bonne
Couleur de la paille à la maturation	bonne	bonne	bonne	bonne	bonne	bonne
Qualité de la paille	bonne	bonne	bonne	bonne	bonne	bonne
Qualité de la graine	bonne	bonne	bonne	bonne	bonne	bonne

Résultats certifiés par MM. L. Gras, d'Henry et Meurisse.

			Lin brut en graine
Moyennes des rendements à l'hectare.		Fumure d'essai	5366
		Fumure témoin	5133
		Pskoff Vilmorin	5850
		Riga tonne	3950
		Pskoff russe (Vallet)	5950

Appréciation des résultats. — Il est regrettable que nous ne possédions pas les données qui nous seraient nécessaires pour calculer les rendements complets et les produits bruts. Quoiqu'il en soit, ces chiffres sont assez significatifs pour prouver la supériorité des deux Pskoff sur le Riga, et de la fumure d'essai sur la fumure témoin, qui a fourni non seulement plus de rendement, mais encore, dit M. Meurisse, une meilleure maturation.

M. MICHEL, à St-Pierrebrouck.

Contenance totale des essais .... 45 ares.
Contenance des parcelles .... 7 ares 50.
Nombre des parcelles : 6.

Nature du Sol. — Sablonneux.

Cultures précédentes. — 1890, blé avec superphosphates et nitrate. Rendement 34 hectolitres.
1891, Trèfle avec superphosphates.

Dernier lin. — 1885.

Façons mécaniques d'hiver. — Un labour en janvier.

Nature des essais :

VARIÉTÉS .. { Lin de Sous-tonne de Riga, (parcelles 1-2).
Lin de Pskoff amélioré russe (Vilmorin), (parcelles 5-6).
Lin de Pskoff sous-tonne, (parcelles 3-4).

FUMURES....	Fumure témoin (parcelles 2-4-6).	Tourteaux de pavot 1000 kil. à l'hectare Superphosphates... 500 » id. Nitrate de soude..... 225 » id.		Dépense à l'hectare 228 fr.
	Fumure d'essai (parcelles 1-3-5).	Tourteaux de pavot.. 500 kil. à l'hectare Superphosphates ..... 400 » id. Sulfate de potasse.... 300 » id. Sulfate d'ammoniaque 100 » id. Nitrate de soude..... 100 » id. Plâtre............... 400 » id.		Dépense à l'hectare 228 fr.

Épandage des engrais. — Le 24 mars les tourteaux, superphosphates, sulfate de potasse et plâtre ont été épandus et enfouis à la herse.

Le 5 avril épandage de la moitié du sulfate d'ammoniaque et du nitrate. Le 12 avril épandage de la seconde moitié à la levée des graines.

Semailles. — 5 avril.

Levée. — Pskoff Vilmorin le 19 avril.

Pskoff Vilmorin sous-Tonne le 21 avril.

Sous-Tonne de Riga le 22 avril.

La levée s'est faite dans de bonnes conditions pour toutes les variétés, principalement pour le Pskoff Vilmorin.

Végétation. — La sécheresse a beaucoup nui à la végétation. Le Sous-Tonne de Riga semble, sinon plus haut, du moins plus avancé que les Pskoff. Le Pskoff sous-Tonne est plus clair que le Pskoff Vilmorin. C'est ce dernier qui tient la tête pendant toute la végétation.

La bande à fumure d'essai est légèrement supérieure à celle témoin.

Récolte. — 20 juillet.

Tableau des rendements.

VARIÉTÉS	Riga Sous-Tonne		Pskoff Sous tonne		Pskoff Vilmorin	
FUMURES	Essai	Témoin	Essai	Témoin	Essai	Témoin
Numéros des parcelles	**1**	**2**	**3**	**4**	**5**	**6**
Rendements à l'hectare en lin en graines	5440	5806	6460	6387	6883	6227
Rendements à l'hectare en lin battu	4053	4266	5453	5400	5773	5240
Valeur marchande des 100 kg de lin battu	10 fr.	10 fr.	12 fr.	12 fr.	12 fr.	12 fr.
Rendements à l'hectare en lin roui	3337.8	3555	4694	4639	4959	4472
Rendements à l'hectare en lin teillé	633	695	1005	993	1002	949
Valeur marchande des 100 kg. de lin teillé	90 fr.	90 fr.	100 fr.	100 fr.	100 fr.	95 fr.
Rendements à l'hectare en graines	724	822	520	506	614	503
Valeur marchande des 100 kg de graines	27 fr.	27 fr.	27 fr.	27 fr.	27 fr.	27 fr.
Poids de l'hectolitre de graines	70 kil.	70 kil.	70 kil.	70 kil.	70 kil.	70 kil.
Hauteur moyenne des tiges	0.73	0.70	0.81	0.77	0.84	0.82
Résistance à la verse	bonne	bonne	bonne	bonne	bonne	bonne
Précocité	moyen.	moyen.	précoce	précoce	précoce	précoce
Couleur de la paille à la maturation	passabl.	passabl.	bonne	bonne	bonne	bonne
Qualité de la paille	passabl.	passabl.	bonne	bonne	bonne	bonne
Qualité de la graine	passabl	passabl.	bonne	bonne	bonne	bonne

		Lin battu	Graine
Moyenne des rendements à l'hectare.	Fumure d'essai	5093	610
	Fumure témoin	4969	610
	Pskoff Vilmorin	5506	558
	Riga-sous-Tonne	4159	771
	Pskoff-sous-Tonne	5426	513

Produits bruts en argent à l'hectare.

VARIÉTÉS	Riga sous tonne		Pskoff sous tonne		Pskoff Vilmorin	
FUMURES	essai	témoin	essai	témoin	essai	témoin
Produit brut. en lin battu	405.3	426.6	654.3	648.0	692.8	628.8
en graine	194.7	221.9	140.4	136.6	165.8	135.8
TOTAL	600.0	648.5	794.7	784.6	858.6	764.6
Produit brut définitif. (Différence de dépense en engrais déduite).	600.0	648.5	794.7	784.6	858.6	764.6

			Différences sur les témoins.
Moyenne des produits bruts définitifs à l'hectare.	Fumure d'essai............	751.1	+ 18.30
	Fumure témoin............	732.8	
	Riga sous tonne...........	624.2	
	Pskoff Vilmorin...........	811.6	+ 187.40
	Pskoff sous tonne........	785.6	+ 161.40

Appréciation des résultats. — Ainsi que le faisaient prévoir les apparences de récolte, la fumure d'essai l'emporte sur le témoin, en rendements et en produit argent; le Pskoff Vilmorin, pour les variétés tient la tête avec 187 fr. 40 d'excédent de produit brut sur le Riga. Le Pskoff Vilmorin sous tonne, vient très honorablement après lui avec un excédent de 161 fr. 40 sur le Riga témoin.

M. E. MINNE, à St-Pierrebroucq

Contenance totale des essais .... 48 ares
Contenance des parcelles........................ 8 ares

Nombre des parcelles : 6

Nature du sol. — Siliceux.

Cultures précédentes. — 1890: Avoine, avec superphosphates et nitrate. Rendement 80 hectol.

1891: Trèfle avec superphosphates.

Dernier lin. — 1877.

Façons mécaniques d'hiver. — Labour en janvier.

Nature des essais:

VARIÉTÉS ... Lin de sous tonne de Riga (parcelles 5 et 6).
Lin de Pskoff amélioré russe (Vilmorin) (parcelles 1 et 2).
Lin de Pskoff sous tonne (parcelles 3 et 4).

FUMURES	Fumure témoin (parcelles 1-3-5)	Tourteaux pavot ... 1000 kil. à l'hect. Superphosphates ...... 500 — Nitrate de soude ...... 225 —	Dépense à l'hect. 228 fr.
	Fumure d'essai parcelles 2-4-6	Tourteaux de pavot ... 500 kil. à l'hect. Superphosphates ...... 400 — Sulfate de potasse ...... 300 — Sulfate d'ammoniaque. 100 — Nitrate de soude ...... 100 — Plâtre ...... 400 —	Dépense à l'hect. 228 fr.

Épandage des engrais. — Les tourteaux, superphosphates, sulfate de potasse à plâtre, ont été enfouis à la herse à la fin de mars. La moitié du sulfate d'ammoniaque et du nitrate a été semée en couverture après la graine, et la seconde moitié à la levée.

Semailles. — 5 avril.

Levée. — 20 avril. Bonnes conditions.

Végétation. — La bande à engrais témoin a beaucoup souffert de la sécheresse.

La parcelle la plus forte a toujours été le N° 2 Pskoff Vilmorin avec fumure d'essai.

Récolte. — 10 juillet.

M. Minne a vendu en bloc son lin brut en graines.

Tableau des rendements.

VARIÉTÉS	Pskoff Vilmorin		Pskoff a tonne		Riga tonne	
FUMURES	témoin	essai	témoin	essai	témoin	essai
Numéros des parcelles	1	2	3	4	5	6
Rendements à l'hectare en lin en graines	8125	8825	7812	8237	7750	8175
Hauteur moyenne des tiges	0.86	0.87	0.84	0.84	0.82	0.83
Résistance à la verse	bonne	bonne	bonne	bonne	bonne	bonne
Précocité	précoce	précoce	précoce	précoce	moyen	moyen
Couleur de la paille à la maturation	bonne	bonne	bonne	bonne	bonne	bonne
Qualité de la paille	bonne	bonne	bonne	bonne	bonne	bonne
Qualité de la graine	bonne	bonne	bonne	bonne	bonne	bonne

[Résultats certifiés par MM. J. Bioul, Th Benoit et Depeyre.]

		lin en graines
	Fumure d'essai	8612
	Fumure témoin	7895
Moyennes des rendements à l'hectare	Pskoff Vilmorin	8475
	Riga	8262
	Pskoff Vilmorin sous tonne	8024

Appréciation des résultats. — S'il nous avait été possible, avec des données plus complètes, de pousser plus loin nos calculs, nous aurions certainement reconnu la supériorité de la fumure d'essai, qui, par les chiffres donnés plus haut, et les termes du rapport, semble incontestable; mais il y a lieu de déplorer surtout la vente du lin en graines, parce que les chiffres que nous possédons nous font beaucoup moins connaître les différences qui peuvent exister entre les variétés mises en présence. Le Pskoff Vilmorin arrive évidemment en tête, et sa sous tonne tient certainement une place très honorable, quoiqu'inférieure à celle du lin de Riga, mais il ne nous est pas possible, dans ces conditions, d'apprécier suffisamment les résultats pour en tirer une conclusion.

M. Palmyr MORIVAL à Hasnon.

Contenance totale des essais .... 24 a 08.
Contenance des parcelles .... 6 a 02.
Nombre des parcelles .... 4.

Nature du sol. — Argilo siliceux.

Cultures précédentes. — 1890. Blé avec fumier. Rendements 26 hectolitres à l'hectare.

1891. Avoine avec fumier en couverture Rendements 56 hectolitres à l'hectare.

Dernier lin. — 1877.

Nature des essais :

Variétés { Lin de tonne de Riga (parcelles 1 et 2). Lin de Pskoff amélioré russe (Vilmorin) (parcelles 3 et 4).

Fumures.

| Fumure témoin. (parcelles 1-3) | Purin .... kil. à l'h^{re} | Dépense |
| | Tourteaux .... id. id. | à l'h^{re} 170 f. |

Fumure d'essai. (parcelles 2-4)	Tourteaux .... 385 kil. à l'h^{re}	Dépense
	Superphosphates .. 350 id.	à l'hectare
	Sulfate de potasse. 200 id.	169 fr. 60
	Sulfate d'ammoniaque 80 id.	
	Nitrate de soude... 100 id.	

Façons mécaniques d'hiver. — Une façon au binot et un labour.

Épandage des engrais. — Le 14 mars, les tourteaux, les superphosphates, le sulfate de potasse ont été enfouis par l'extirpateur; cette façon a été suivie de 3 hersages et de 2 roulages.

La moitié du sulfate d'ammoniaque et du nitrate de soude a été semée en couverture avec la graine, et la seconde moitié à la levée.

Semailles. — 30 Mars.

Levée. — 6 et 7 Avril; la levée a été bonne.

Végétation. — Les 2 parcelles à fumure témoin ont le plus souffert de la sécheresse.

La parcelle la plus forte au 15 juin, était le Pskoff avec fumure d'essai. Cette supériorité s'est maintenue.

Quant aux variétés le Pskoff a toujours tenu la tête.

Récolte. — 4 Juillet.

Tableau des rendements

VARIÉTÉS	Riga tonne		Pskoff Vilmorin	
FUMURES	témoin	essai	témoin	essai
Numéros des parcelles.	1	2	3	4
Rendements à l'hectare en lin en graines.	5500	5600	5625	5700
Rendements à l'hectare en lin battu.	4125	4200	4210	4275
Valeur marchande des 100^k de lin battu.	16 fr.	16 fr. 25	19 fr.	20 fr.
Rendements à l'hectare en lin roui.	3300	3375	3402	3412
Rendements à l'hectare en lin teillé.	999	1012.5	1020.6	1023
Valeur marchande des 100^k de lin teillé.	175 fr.	180 fr.	190 fr.	200 fr.
Rendements à l'hectare en graine.	465	460	450	450
Valeur marchande des 100^k de graine	28 fr.	28 fr.	28 fr.	28 fr.
Poids de l'hectolitre de graine	71 kil.	71 kil.	71 kil. 3	71 kil. 3
Hauteur moyenne des tiges.	0 m. 70	0 m. 72	0 m. 78	0 m. 80
Résistance à la verse	bonne	bonne	bonne	bonne
Précocité	précoce	précoce	moyenne	moyenne
Couleur de la paille à la maturation	bonne	bonne	bonne	bonne
Qualité de la paille.	bonne	bonne	bonne	bonne
Qualité de la graine	bonne	bonne	bonne	bonne

(Résultats certifiés par MM. Morival et Pyal).

		Lin battu	Graine
Moyennes des rendements à l'hectare.	Fumure d'essai	4237	455
	Fumure témoin	4172	457
	Pskoff Vilmorin	4247	450
	Riga	4162	462

Produits bruts en argent à l'hectare.

VARIÉTÉS		Riga-tonne		Pskoff Vilmorin	
FUMURES		témoin	essai	témoin	essai
Produit brut.	en lin battu	660	693.0	801.6	854.8
	en graine	130.2	128.8	126.0	126.0
	total	790.20	821.8	927.6	980.8
Produit brut. (Différence de dépense en engrais déduite).		790.20	822.2	927.6	981.2

			Différences sur les témoins.
Moyennes des produits bruts définitifs à l'hectare	Fumure d'essai	901 fr. 7	+ 42 fr. 80
	Fumure témoin	858 fr. 90	
	Riga	806 fr. 2	
	Pskoff Vilmorin	954 fr. 4	+ 148 fr. 2

Appréciation des résultats. — Malgré la sécheresse qui n'a pas permis aux engrais d'opérer une action efficace, la bande à engrais d'essai donne un excédent de rendement, et le produit en argent à l'hectare de 42 fr. 80.

Quant au Pskoff Vilmorin, il conserve une supériorité qui se traduit par un excédent de 148 fr. 20 à l'hectare sur le Riga.

M. PRUVOST-CANIONCQ à Monchecourt.

Contenance totale des essais...... 16 ares.
Contenance des parcelles.......... 4 ares.
Nombre des parcelles. 4

Nature du sol. — Argilo-siliceux.

Cultures précédentes. — 1890, Blé ; rend¹ 36 hectol.

1891, Avoine ; rend¹ 77 hectol.

Dernier lin. — 1877.

Façons mécaniques d'hiver. — Deux façons au binot, et un labour moyen.

Nature des essais.

VARIÉTÉS { Lin de Tonne de Riga (parcelles 1 et 2).
Lin de Pskoff amélioré russe (Vilmorin) parcelles 3 et 4).

FUMURES	Fumure témoin (parcelles 1 et 3).	Engrais complet.............................	Dépense à l'hectare 168 fr.
	Fumure d'essai (parcelles 2 et 4).	Tourteaux de Pavot.. 400 kil. à l'hect. Superphosphates...... 350 — Sulfate de Potasse.... 175 — Sulfate d'Ammoniaque 80 kil. à l'hect. Nitrate de soude...... 100 — Plâtre.............. 200 —	Dépense à l'hectare 170 fr. 95

Épandage des engrais. — Les tourteaux, superphosphates, sulfate de potasse et plâtre, ont été enfouis à l'extirpateur. La moitié du sulfate d'ammoniaque et du nitrate a été semée avec la graine en couverture ; la seconde moitié à la levée.

Semailles. — 2 avril.

Levée. — Pour le Pskoff, le 10 avril. Le 12 pour le Riga.

Végétation. — Le manque d'eau a empêché l'action des engrais. Aussi les bandes d'engrais différent ne se distinguaient ni par leur force ni par leur couleur. Des différences n'ont pu être constatées que pour les variétés. Le Pskoff a conservé une taille plus élevée, mais le Riga était plus avancé en végétation.

Récolte. — 12 juillet.

Tableau des rendements.

VARIÉTÉS	Riga-Tonne.		Pskoff-Vilmorin.	
FUMURES	témoin.	essai.	témoin.	essai.
Numéros des parcelles	1	2	3	4
Rendements à l'hectare en lin, en graines	7225	7100	6625	6625
Hauteur moyenne des tiges	0 m. 77	0 m. 77	0 m. 83	0 m. 83
Résistance à la verse	bonne	bonne	bonne	bonne
Précocité	précoce	précoce	moyenne	moyenne
Couleur de la paille à la maturation	bonne	bonne	tr.bonne	tr.bonne
Qualité de la paille	bonne	bonne	tr.bonne	tr.bonne
Qualité de la graine	bonne	bonne	bonne	bonne

(Résultats certifiés par MM. Lagache, Delannoy et X).

		Lin brut en graines
Moyennes des rendements à l'hectare.	Fumure d'essai	6862
	Fumure témoin	7075
	Pskoff Vilmorin	6625
	Riga	7162

Appréciation des résultats. — Nous donnons ci-dessus les seuls résultats qui nous ont été adressés. On peut voir que le Riga l'emporte sur le Pskoff, quoique ce dernier ait plus de hauteur. Cette différence provient, paraît-il, de ce que les tiges du Pskoff sont plus fines et que ce lin était plus clair. Le rapport de M. Pruvost-Canioncq constate en outre, que le Pskoff est supérieur comme qualité de paille, mais on ne m'a transmis aucun chiffre qui permette d'apprécier cette qualité.

M. Désiré ROUSSEL, à Comines.

Contenance totale des essais .... 48 ares
Contenance des parcelles .... 8 ares
Nombre de parcelles : 6.

Nature du sol. — Argilo-calcaire.

Cultures précédentes. — 1890 : Betteraves avec sulfate d'ammoniaque ; rendement, 80,000 kil.
1891 : Blé avec purin, rendemᵗ, 30 hectol.

Dernier lin. — 1881.

Façons mécaniques d'hiver. — Plusieurs labours légers et plusieurs hersages ; labour d'hiver.

Nature des essais :

VARIÉTÉS..
{
Lin de Tonne de Riga................ (parcelles 1 et 2).
Lin de Pskoff amélioré russe (Vilmorin) (parcelles 3 et 4).
Lin de Pskoff Vilmorin sous tonne..... (parcelles 5 et 6).
}

FUMURES..
{
Fumure témoin (parcelles 1-3-5).
{
Purin.................. 120 k. à l'hectare
Tourteaux pavot...... 550 k. —
}
Dépense à l'hectare 140 fr.
}
{
Fumure d'essai (parcelles 2-4-6).
{
Tourteaux de pavot.. 355 k. à l'hectare
Superphosphates...... 300 k. —
Sulfate de potasse.... 175 k. —
Sulfate d'ammoniaque 100 k. —
}
Dépense à l'hectare 139 fr. 9
}

Épandage des engrais. — Les tourteaux, superphosphates et sulfate de potasse ont été enfouis à l'extirpateur, plusieurs hersages et roulages.

La moitié du sulfate d'ammoniaque a été mise en couverture après la graine, et la seconde moitié à la levée.

Semailles. — 7 avril.

Levée. — Le 25 avril pour le lin de Pskoff Vilmorin, le 28 pour le lin de Riga, et le 30 pour le lin de Pskoff sous tonne. Elle a été bonne pour toutes les variétés, sauf pour le Pskoff Vilmorin sous tonne, qui a levé un peu plus clair.

Végétation. — Les différentes parcelles ont souffert de la sécheresse, le Riga a toujours semblé plus avancé en végétation ; le Pskoff Vilmorin et le Pskoff sous tonne comme hauteur ont conservé la tête.

La bande à engrais d'essai, paraissait également plus forte que la bande témoin.

Récolte. — 10 juillet.

Tableau des rendements

VARIÉTÉS	Riga-Tonne		Pskoff Vilmorin		Pskoff sous-Tonne	
FUMURES	témoin	essai	témoin	essai	témoin	essai
Numéros des parcelles	1	2	3	4	5	6
Rendements à l'hectare en lin en graines	5075	4900	4950	5500	4775	4500
Rendements à l'hectare en lin battu	3825	3850	4025	4525	3975	4012.5
Valeur marchande des 100 k. de lin battu	24 fr.	22 fr.	30 fr.	32 fr.	25 fr.	28 fr.
Rendements à l'hectare en graine	800 kil.	781 kil.	500 kil.	537 kil.	481 kil.	481 kil.
Valeur marchande des 100 k. de graine	27 fr.	27 fr.	27 fr.	27 fr.	27 fr.	27 fr.
Poids de l'hectolitre de graine	73 kil.	73 kil.	72 kil.	72 kil.	37 kil.	72 kil.
Hauteur moyenne des tiges	0.67	0.67	0.86	0.90	0.72	0.78
Résistance à la verse	bonne	bonne	passabl.	passabl.	bonne	bonne
Précocité	moyenn	moyenn	précoce	précoce	moyenn	moyenn
Couleur de la paille à la maturation	bonne	bonne	bonne	bonne	bonne	bonne
Qualité de la paille	bonne	passabl.	bonne	bonne	bonne	bonne
Qualité de la graine	bonne	bonne	bonne	bonne	bonne	bonne

		Lin battu	Graine
	Fumure d'essai	4129	599
	Fumure témoin	3941	593
Moyennes des rendements à l'hectare	Pskoff Vilmorin	4275	518
	Riga Tonne	3837	790
	Pskoff Vilmorin sous tonne	3993	481

Produits bruts en argent à l'hectare :

VARIÉTÉS	Riga tonne		Pskoff Vilmorin		Pskoff sous tonne	
FUMURES	témoin	essai	témoin	essai	témoin	essai
Produit brut { en lin battu	918.0	847.0	1207.5	1448.0	993.7	1123.3
en graine	216.0	211.0	135.0	145.0	130.0	130.0
Total	1134.0	1058.0	1342.5	1593.0	1123.7	1253.3
Produit brut définitif. (Différence de dépense en engrais produite)	1134.0	1058.0	1342.5	1593.0	1123.7	1253.3

			Différences sur les témoins
Moyennes des produits bruts définitifs à l'hectare	Fumure d'essai......	1301 fr. »	+ 101 fr.
	Fumure témoin........	1200 fr. »	
	Riga tonne............	1096 fr. »	
	Pskoff Vilmorin......	1467 fr. 7	+ 371 fr. 7
	Pskoff sous tonne	1188 fr. 5	+ 92 fr. 5

Appréciation des résultats. — Malgré la sécheresse, la fumure d'essai l'emporte en rendements et en produit en argent.

Quant aux variétés, le Pskoff Vilmorin donne un excédent de 371 fr. 70 sur le Riga, et le Pskoff Vilmorin sous tonne, malgré la mauvaise qualité de la graine, fournit encore un excédent de 92 fr. 50.

M. Léon STEVENOOT, à Pitgam.

Contenance totale des essais................ 70 ares 20.

Contenance des parcelles.................. 7 ares 02.

Nombre des parcelles : 10.

Nature du sol. — Argileux.

Cultures précédentes. — 1890 : Blé avec fumier.

Rendement : 35 hectolitres à l'hectare.

1891 : Trèfle.

Dernier lin. — 1884.

Façons mécaniques d'hiver. — Léger labour avant l'hiver, de 0.08 de profondeur.

Nature des essais :

VARIÉTÉS...
{ Lin de tonne de Riga (parcelles 1 et 2).
Lin de Pskoff amélioré russe (Vilmorin) (parcelles 7 et 8).
Lin de Pskoff russe (Vallet) (parcelles 9 et 10).
Lin de Riga sous tonne (parcelles 3 et 4). }

FUMURES....
{
Fumure témoin (parcelles 2-4-6-8-10).
Supersphosphates ...... 500 kil. à l'hect.
Nitrate de soude 125   Id.
Dépense à l'hectare 58 fr. 50

Fumure d'essai (parcelles 1-3-5-7-9).
Supersphosphates........ 300 kil. à l'hect.
Sulfate de potasse....... 150   Id.
Sulfate d'ammoniaque... 80   Id.
Nitrate de soude 80   Id.
Dépense à l'hectare 96 fr. 30
}

Épandage des engrais. — Les supersphosphates et le sulfate de potasse ont été enfouis à l'extirpateur le 25 mars.

La moitié du sulfate d'ammoniaque et du nitrate de soude a été semée en couverture après la graine ; la seconde moitié à la levée.

Semailles. — 5 avril.

Levée. — La levée s'est effectuée le 20 avril ; elle a été irrégulière pour toutes les variétés, une légère pluie tombée le 28 a déterminé la levée du reste de la graine.

Végétation. — Toutes les parcelles ont beaucoup souffert de la sécheresse ; la végétation a langui jusqu'aux pluies qui sont tombées le 21 juin, jusque là, l'effet des engrais avait été presque nul ; mais à partir de ce moment, leur action s'est dessinée très légèrement et les différentes variétés surtout se reconnaissaient facilement. Les Pskoff ont acquis plus de taille, mais la Tonne de Riga laissait présager de bons rendements. La Sous-Tonne de Riga au contraire laissait beaucoup à désirer. Parmi les Pskoff, le Pskoff russe (Vallet) avait le plus de taille.

Récolte. — 20 juillet.

Tableau des rendements :

VARIÉTÉS	Riga-Tonne		Riga Sous-Tonne		Pskoff Sous-Tonne (Caloone)		Pskoff Vilmorin		Pskoff russe (Vallet)	
FUMURES	essai	témoin	essai	témoin	essai	témoin	essai	témoin	essai	témoin
Numéros des parcelles	1	2	3	4	5	6	7	8	9	10
Rendem. à l'hect. en lin en graine	7490	6530	5110	4525	6020	5105	6085	5539	7120	6985
Rendem. à l'hectare en lin battu	4992	4347	3405	3015	4012	3401	4054	3686	4746	4656
Valeur march. des 100 k. lin battu	15 fr.	15 fr.	12 f.35	12 f.35	13 f.35	13 f.35	15 fr.	15 fr.	15 fr.	15 fr.
Rendements à l'hectare en graine	612	601	621	618	521	518	534	527	538	534
Valeur march. des 100 k. de graine	32 fr.	32 fr.	30 fr.	30 fr.	32 fr.	32 fr.	36 fr.	36 fr.	36 fr.	36 fr.
Poids de l'hectolitre de graine	67.5	67.5	66.4	67.5	65.8	65.6	67	66.8	67.2	67
Hauteur moyenne des tiges	0.65	0.60	0.60	0.60	0.65	0.65	0.68	0.68	0.70	0.66
Résistance à la verse	bonne	bonne	bonne	bonne	bonne	bonne	bonne	bonne	bonne	bonne
Précocité	tard.	tard.	moyen	moyen	préc.	préc.	préc.	préc.	préc.	préc.
Couleur de la paille à la maturat.	bonne	bonne	bonne	bonne	bonne	bonne	bonne	bonne	bonne	bonne
Qualité de la paille	bonne	bonne	bonne	bonne	bonne	bonne	bonne	bonne	bonne	bonne
Qualité de la graine	bonne	bonne	bonne	bonne	bonne	bonne	bonne	bonne	bonne	bonne

(Résultats certifiés par MM. Maes, Caloone et Stevenoot.)

	Lin battu	Graine
Fumure d'essai	4242	564,6
Fumure témoin	3821	559,6
Pskoff Vilmorin	3870	529
Riga-Tonne	4669	606,5
Riga Sous-Tonne	3210	619,5
Pskoff Vilmorin Sous-Tonne	3706,5	519,5
Pskoff russe (Vallet)	4701	536

Moyennes des rendements à l'hectare.

Produits bruts en argent à l'hectare.

VARIÉTÉS	Riga-Tonne		Riga Sous-Tonne		Pskoff Vilmorin Sous-Tonne		Pskoff Vilmorin		Pskoff russe (Vallet)	
FUMURES	essai	témoin	essai	témoin	essai	témoin	essai	témoin	essai	témoin
Produit brut en lin battu	748 80	652 »	420 50	372 30	535 60	454 »	608 10	552 90	711 90	698 40
Produit brut en graine	195 80	192 30	186 30	185 40	166 70	175 70	191 20	189 70	193 »	192 20
Total	944 60	844 30	606 80	557 70	702 30	629 70	799 30	742 60	904 90	890 60
Produit brut définitif. Différence de dépense en engrais déduite.	906 80	844 30	569 »	557 70	664 50	629 70	751 50	742 60	867 10	890 60

			Différences sur les témoins	
	Fumure d'essai	751 80	+ 18 90	
	Fumure témoin	732 90	sur le témoin Riga	

Moyennes des produits bruts définitifs à l'hectare.			Tonne	Sous-Tonne
	Riga-Tonne	875 50	»	+ 312 20
	Pskoff Vilmorin	747 »	— 28 50	+ 183 70
	Riga-Sous-Tonne	563 30	— 312 20	»
	Pskoff Sous-Tonne	647 10	— 228 40	+ 83 80
	Pskoff russe (Vallet)	878 80	+ 3 »	+ 315 50

Appréciation des résultats. — Comme il fallait s'y attendre le Pskoff russe (Vallet) donne le plus de rendement en lin battu, mais comme il donne moins de graine que le Riga, l'excédent du Pskoff russe sur ce dernier disparait presque complètement.

Les autres Pskoff sont distancés par le Riga de Tonne, mais comparés à la sous Tonne de Riga, ils produisent des excédents de produit brut sérieux.

La bande d'engrais d'essai l'emporte sur la bande témoin, mais il y a peu de différence.

M. J. TRIBOU à Hem Lenglet.

Contenance totale des essais .... 60 ares
Contenance des parcelles .... 10 ares
Nombre de parcelles : 6.

Nature du sol. — Argileux.

Cultures précédentes. — 1890 : Betteraves avec parcage, fumier et nitrate ; Rendement, 35.000 kil.
1891 : Blé, 33 hectolitres à l'hectare.

Dernier lin. — 1875.

Façons mécaniques d'hiver. — Deux façons à l'extirpateur, et un léger labour pour l'hiver.

Nature des essais.

VARIÉTÉS..	{	Lin de Tonne de Riga .... (parcelles 5 et 6).
		Lin de Pskoff amélioré russe (Vilmorin) (parcelles 3 et 4).
		Lin de Pskoff russe (Vallet) .... (parcelles 1 et 2).

$$
\text{Fumures}\dots
\begin{cases}
\text{Fumure} \\
\text{témoin} \\
\text{(parcelles} \\
\text{1-3-5)}.
\end{cases}
\begin{cases}
\text{Tourteaux}\dots\dots\dots \quad \text{k. à l'hectare} \\
\text{Engrais chimiques}\dots \quad \text{k.} \quad —
\end{cases}
\begin{cases}
\text{Dépense} \\
\text{à} \\
\text{l'hectare} \\
\text{200 fr.}
\end{cases}
$$

$$
\begin{cases}
\text{Fumure} \\
\text{d'essai} \\
\text{(parcelles} \\
\text{2-4-6)}.
\end{cases}
\begin{cases}
\text{Tourteaux de Sésame, 500 k. à l'hectare} \\
\text{Superphosphates}\dots\dots 300 \text{k.} \quad — \\
\text{Sulfate de potasse}\dots 225 \text{k.} \quad — \\
\text{Sulfate d'ammoniaque. 100 k.} \quad — \\
\text{Nitrate de soude}\dots 100 \text{k.} \quad —
\end{cases}
\begin{cases}
\text{Dépense} \\
\text{à} \\
\text{l'hectare} \\
\text{199 fr. 55}
\end{cases}
$$

Epandage des engrais. — Les tourteaux, superphosphates et sulfate de potasse ont été enfouis par un labour léger. La moitié du sulfate d'ammoniaque et du nitrate de soude a été semée en couverture après la graine; la seconde moitié à la levée.

Semailles. — 9 avril.

Levée. — 22 avril; elle s'est faite dans de bonnes conditions.

Végétation. — Depuis les semailles jusqu'à la récolte, les lins n'ont pas reçu une goutte d'eau. La sécheresse leur a fait beaucoup de mal, ils sont restés très courts, et les engrais n'ont pu produire aucun effet, aussi, on ne pouvait guère distinguer de différence entre la bande d'essai et la bande témoin. Les Pskoff, néanmoins, étaient plus élevés de taille, et le Pskoff Vilmorin principalement semblait meilleur.

Récolte. —

Tableau des rendements :

VARIÉTÉS	Pskoff russe (Vallet)		Pskoff Vilmorin		Riga-Tonne	
FUMURES	témoin	essai	témoin	essai	témoin	essai
Numéros des parcelles	1	2	3	4	5	6
Rendements à l'hectare en lin en graines	5760	5800	5850	5990	3461	3461
Rendements à l'hectare en lin battu	4700	4700	4900	4950	2600	2600
Valeur marchande des 100 k. de lin battu	12 fr.	12 fr.	12 fr.	12 fr.	7 fr.	7 fr.
Rendements à l'hectare en graine	603 kil.	603 kil.	618 kil.	618 kil.	554 kil.	554 kil.
Valeur marchande des 100 k. de graine	25 fr.	25 fr.	25 fr.	25 fr.	25 fr.	25 fr.
Poids de l'hectolitre de graine	71 kil.	71 kil.	71 kil.	71 kil.	71 kil.	71 kil.
Hauteur moyenne des tiges	0.65	0.65	0.65	0.65	0.45	0.45
Résistance à la verse	bonne	bonne	bonne	bonne	bonne	bonne
Précocité	tardive	tardive	tardive	tardive	moyenn	moyenn
Couleur de la paille à la maturation	bonne	bonne	bonne	bonne	bonne	bonne
Qualité de la paille	bonne	bonne	bonne	bonne	passabl.	passabl.
Qualité de la graine	bonne	bonne	bonne	bonne	bonne	bonne

(Résultats certifiés par MM. Dessort et Tribou).

		lin battu	graines
Moyennes des rendements à l'hectare	Fumure d'essai	4083	591
	Fumure témoin	4066	591
	Pskoff Vilmorin	4925	618
	Riga-tonne	2600	554
	Pskoff russe (Vallet)	4700	603

Produits bruts en argent à l'hectare :

VARIÉTÉS	Pskoff russe (Vallet)		Pskoff Vilmorin		Riga-tonne	
FUMURES	témoin	essai	témoin	essai	témoin	essai
Produit brut { en lin battu	564.0	564.0	588.0	594.0	312.0	312.0
en graines	151.7	151.7	154.5	154.5	138.5	138.5
Total	715.7	715.7	742.5	748.9	450.5	450.5
Produit brut définitif (Différence de dépense en engrais déduite)	715.7	715.7	742.5	748.9	450.5	450.5

			Différences sur les témoins.
Moyennes des produits bruts définitifs à l'hectare.	Fumure d'essai	638.4	+ 2 fr. 20
	Fumure témoin	636.2	
	Riga-tonne	450.5	
	Pskoff Vilmorin	745.7	+ 295.2
	Pskoff russe (Vallet)	715.7	+ 265.2

Appréciation des résultats. — Ainsi qu'il était facile de le supposer, la différence produite par les engrais peut être considérée comme nulle.

Pour les variétés elle est très sensible, puisque le Pskoff Vilmorin donne un produit brut de près de 300 fr. à l'hectare de plus que le Riga. Ce résultat est dû, non seulement au rendement en lin battu, mais encore à la qualité de la paille. Le Pskoff russe (Vallet) donne des résultats presqu'aussi bons.

M. VANHELGHE, à Saint-Pierrebrouck.

Contenance totale des essais . . . . 48 ares.
Contenance des parcelles . . . . 8 ares

Nombre de parcelles : 6

Nature du sol. — Argilo-siliceux.

Cultures précédentes. — 1890 : Blé avec superphosphate et nitrate.
Rendement 28 hectolitres à l'hectare.
1891 : Trèfle avec superphosphates.

Dernier lin. — 1882.

Façons mécaniques d'hiver. — Labour en janvier.

Nature des essais :

Variétés.
{
Lin de sous tonne de Riga (parcelles 5-6).
Lin de Pskoff amélioré russe (Vilmorin) (parcelles 1-2)
Lin de Pskoff russe (Vallet) (parcelles 3-4).
}

Fumures.
{
Fumure témoin (parcelles 1-3-5)
{
Tourteaux Colza . . 1100 kil. à l'h^re
Superphosphates . . 600 . id.
Nitrate de soude . . 225 id.
}
Dépense à l'hectare 219 fr. 20

Fumure d'essai. (parcelles 2-4-6)
{
Tourteaux de pavot 500 kil. à l'h^re
Superphosphates . . . . 400 id.
Sulfate de potasse . . . 260 id.
Sulfate d'ammoniaque 100 id.
Nitrate de soude . . . . 100 id.
Plâtre . . . . 400 id.
}
Dépense à l'hectare 218 fr. 80
}

Épandage des engrais. — Les tourteaux, les superphosphates, le sulfate de potasse et le plâtre ont été épandus le 22 mars et enfouis à la herse.

La moitié du sulfate d'ammoniaque et du nitrate a été semée en couverture après la graine ; la seconde moitié en couverture à la levée.

Semailles. — 1er Avril.

Levée. — Assez bonne pour le Pskoff Vilmorin (11 avril).
Passable pour le Pskoff Vilmorin sous tonne (13 avril).
Très lente pour le Riga sous tonne (13 avril).

5

Végétation. — L'engrais d'essai, plus actif a donné de suite une végétation plus vigoureuse, mais la sécheresse a fait néanmoins beaucoup de mal.

Le Riga a toujours été le plus faible, et le Pskoff Vilmorin a constamment paru légèrement supérieur au Pskoff Vilmorin sous tonne.

Récolte. — 15 juillet.

Tableau des rendements :

VARIÉTÉS.....	Pskoff Vilmorin		Pskoff Vilmorin sous tonne		Riga sous tonne	
FUMURES.....	témoin	essai	témoin	essai	témoin	essai
Numéros des parcelles.....	1	2	3	4	5	6
Rendements à l'hectare en lin en graines	6875	7000	6700	6825	6550	6610
Hauteur moyenne des tiges..	0.81	0.84	0.75	0.78	0.72	0.74
Résistance à la verse	bonne	bonne	bonne	bonne	bonne	bonne
Précocité............	précoce	précoce	moyenne	moyenne	moyenne	moyenne
Couleur de la paille à la maturation	bonne	bonne	bonne	bonne	bonne	bonne
Qualité de la paille	bonne	bonne	bonne	bonne	bonne	bonne
Qualité de la graine	bonne	bonne	bonne	bonne	bonne	bonne

(Résultats certifiés par MM. J. Blondé, Benoît, Debeyre)

		lin en graine
Moyennes rendements à l'hectare.	Fumure d'essai............	6812 k.
	Fumure témoin............	6708
	Pskoff Vilmorin............	6937
	Riga............	6580
	Pskoff Vilmorin sous tonne...	6762

Appréciation des résultats. — Il est regrettable que M. Vanheeghe ait vendu son lin en graines, sans pouvoir nous renseigner sur les rendements en lin battu et en graine. Il constate, dans le rapport, que le Pskoff Vilmorin a donné un résultat supérieur en quantité et en qualité, mais ne nous donne malheureusement aucun chiffre capable de nous éclairer sur la valeur de la paille.

Essais de variétés.

M. *Jules ADRIANSEN*, à *Armbouts-Cappel*.

Lin de Tonne de Riga..................................... 10 ares.
Lin de Pskoff Vilmorin................................. 10 ares.
Lin de Pskoff russe Vallet............................. 10 ares

Nature du sol. — Argileux.

Fumure. — Supersphosphates et nitrate de soude.

Végétation. — La sécheresse a fait beaucoup souffrir tous les lins. Ceux-ci, qui avaient eu une bonne levée auraient été splendides. Les deux Pskoff ont conservé une grande supériorité sur le Riga pendant toute la durée de la végétation.

Récolte. —

Tableau des rendements :

	Tonne de Riga	Pskoff Vilmorin	Pskoff russe (Vallet)
Numéros des parcelles	1	2	3
Rendements à l'hectare en lin en graines	6400	6900	7000
Rendements à l'hectare en lin battu	4500	5150	5200
Valeur marchande des 100 kil. de lin battu	16 fr.	17 fr.	17 fr.
Rendements à l'hectare en lin roui	4000	4500	4500
Rendements à l'hectare en lin teillé	850	1000	1000
Valeur marchande des 1000 kil. de lin teillé	115 fr.	125 fr.	125 fr.
Rendements à l'hectare en graine	800	900	1000
Valeur marchande des 100 kil. de graine..........	30	38	38
Poids de l'hectolitre de graine.	70	74	74
Hauteur moyenne des tiges	0m70	0m79	0m79
Résistance à la verse	bonne	bonne	bonne
Précocité	moyenne	précoce	moyenne
Couleur de la paille à la maturation	bonne	très bonne	bonne
Qualité de la paille	bonne	très bonne	bonne
Qualité de la graine	bonne	très bonne	très bonne

Produits bruts en argent à l'hectare:

		Tonne de Riga.	Pskoff Vilmorin.	Pskoff russe (Vallet).
Produit brut.	En Lin battu......	720 fr.	875 f. 50	884 fr.
	En graine	240	342	380
	TOTAL........	960	1217 50	1264
Différence sur le témoin........			+ 257. 50	+ 304

Appréciation des résultats. — Les deux Pskoff ont donné d'excellents résultats, mais le Pskoff russe (Vallet) l'emporte. M. Adriansen en est très satisfait; et, comme beaucoup de cultivateurs, ne veut plus en semer d'autre.

Il y a une remarque à faire, au sujet des rendements en graine. Nous voyons en effet les deux Pskoff fournir une quantité de graine inusitée, et ce résultat semble d'autant plus surprenant, que le Riga, qui en fournit d'habitude beaucoup plus que ces deux variétés, n'en donne dans le présent cas qu'une quantité moindre.

M. ANDRÉ, à Hautmont

Un essai comparatif de lin de Pskoff et de Riga, avait été installé chez M. André d'Hautmont. D'après les renseignements qu'il m'avait transmis sur la végétation, le Pskoff Vilmorin avait une supériorité de taille assez grande sur le Riga pour faire présager un assez bon excédent de rendement. Malheureusement M. André ne m'a transmis aucun chiffre relatif à la récolte et aux rendements.

M. BROUTIN, à Bousignies

Pskoff Vilmorin...................... 14 ares
Riga sous Tonne..................... 14 ares

Nature du sol: — Argileux.

Fumure. — Dans le courant de février on a appliqué la fumure qui se composait de tourteaux et purin.

Façons mécaniques. — Deux coups d'extirpateur, et cinq hersages.

Semailles. — 5 avril.

Levée. — Pskoff le 17 avril.
Riga sous tonne le 20 avril.
Elle s'est faite dans de bonnes conditions.

Végétation. — Les deux variétés ont beaucoup souffert de la sécheresse; Le Pskoff Vilmorin a toujours conservé une plus haute taille que le Riga.

Récolte. —

Tableau des rendements :

VARIÉTÉS.	Sous tonne Riga	Pskoff Vilmorin
Numéros des parcelles	1	2
Rendements à l'hectare en lin en graines	3621	3892
Rendements à l'hectare en lin battu	3071	3571
Valeur marchande des 100 kil. de lin battu	17 fr. 50	17 fr. 50
Rendements à l'hectare en graine	550	822
Valeur marchande des 100 kil. de graine	32 fr.	35 fr.
Poids de l'hectolitre de graine	75 kil.	82 kil.
Hauteur moyenne des tiges	0.76	0.84
Résistance à la verse	bonne	bonne
Précocité	moyenne	moyenne
Couleur de la paille à la maturation	bonne	bonne
Qualité de la paille	bonne	bonne
Qualité de la graine	bonne	bonne

(Résultats certifiés par MM. Landas, Broutin François, et X.)

Produits bruts en argent à l'hectare :

		Sous-Tonne de Riga	Pskoff Vilmorin
Produit brut	En lin battu	537 fr. 42	624 fr. 92
	En graine	176 fr.	112 fr. 70
	Total	713 fr. 42	737 fr. 62
Différence sur le témoin			+24 fr. 20

Appréciation des résultats. — Le Pskoff Vilmorin l'emporte en poids et en produit en argent sur la Sous-Tonne de Riga. M. Broutin reconnaît à sa paille beaucoup de qualités; l'excédent de produit brui argent qu'il donne eut certainement été plus grand si l'on avait appliqué à sa paille un prix supérieur à celui du Riga, ce qui n'eut été que justice.

***

M. CAUDRELIER, à Couches.

Lin de Tonne de Riga . . . . 13 ares
Lin de Pskoff Vilmorin . . . . 13 ares
Lin de Riga 2ᵉ Sous-Tonne . . . . 13 ares

Nature du Sol. — Argile blanche.

Cultures précédentes — 1890. Betteraves porte-graines avec fumier et engrais complet.
1891. Blé avec tourteaux et purin en hiver.

Dernier lin — 1877.

Fumure. — Tourteaux de Guzerat en poudre en février et engrais complet.

Façons mécaniques d'hiver. — Un labour très léger comme déchaumage et un labour profond en décembre.

Tableau des rendements.

VARIÉTÉS	Riga-Tonne	Pskoff Vilmorin	Riga Sous-Tonne
Numéros des parcelles	1	2	3
Rendements à l'hectare en lin en graine	5102	5384.5	4531
Rendements à l'hectare en lin battu	4846	4330	3830
Valeur marchande des 100 kilog. de lin battu	20 fr. 50	23 fr. 50	20 fr. 40
Rendements à l'hectare en lin roui	3471	3401	2621.5
Rendements à l'hectare en lin teillé	560	605	569
Valeur marchande des 100 kilog. de lin teillé	171 fr. 25	174 fr. 8	130 fr.
Rendements à l'hectare en graine	1076	961	864.5
Valeur marchande des 100 kilog. de graine	25 fr.	25 fr.	24 fr.
Poids au l'hectolitre de graine	76 kil.	75 kil.	72 kil.
Hauteur moyenne des tiges	0.79	0.77	0.72
Résistance à la verse	très bonn.	bonne	moyenne
Précocité	Tard	moyenne	précoce
Couleur de la paille à la maturation	passable	bonne	passable
Qualité de la paille	passable	bonne	passable
Qualité de la graine	bonne	bonne	passable

(Résultats certifiés par MM. Desgroisecourt, Deligny, Gossart, Dhainaut et X.)

Produits bruts en argent à l'hectare :

VARIÉTÉS	Riga-Tonne	Pskoff Vilmorin	Riga sous-Tonne
Produit brut { En lin battu	899 fr. 6	974 fr. 2	512 fr. 4
{ En graine	269 fr. 0	240 fr. 0	206 fr. 7
Total	1168 fr. 6	1214 fr. 2	719 fr. 1
Différences sur le témoin		+ 45 fr. 6	− 449 fr. 6

Appréciation des résultats. — Les membres de la commission de pesée accordent leur préférence au lin de Pskoff et lui attribuent une valeur de 22 fr. 50 aux 100 kil. de lin battu, quand ils n'estiment la tonne de Riga qu'à 20 fr. 70, et la sous tonne à 13 fr. 40. Cette appréciation fait monter le Pskoff en première ligne, et lui fait fournir un excédent net de 45 fr. 60 de produit brut en argent, sur la tonne de Riga tandis que la sous tonne est en déficit de 449 fr. 60 à l'hectare, sur le lin de tonne.

M. Charles COURCOT, fils, à Loon-Plage.

Lin de Pskoff Vilmorin............ 10 ares.
Lin de Riga-Tonne............ 10 ares.
Lin de Riga sous Tonne............ 10 ares.

Nature du sol. — Argilo-siliceux.

Fumure. — 500 kil. superphosphates à l'hectare en novembre 1891 ; tourteaux d'arachides, en février 1892 ; 200 kil. sulfate d'ammoniaque et 200 kil. de nitrate après la levée fin avril.

Semailles. — 2 avril.

Levée. — Lin de Pskoff, le 14 avril.
Tonne de Riga et sous tonne le 18 avril.

Végétation. — La sécheresse qui s'est continuée jusqu'à la fin de juin a beaucoup nui à la végétation. Néanmoins, le Pskoff Vilmorin a toujours eu plus de taille et présagé les meilleurs rendements.

La sous tonne est continnellement restée inférieure aux deux autres variétés.

Récolte. — 10 juillet.

Tableau des rendements:

VARIÉTÉS	Pskoff Vilmorin	Riga Tonne	Riga sous Tonne
Numéros des parcelles..............	**1**	**2**	**3**
Rendements à l'hectare en lin en graines........	7300	6700	6100
Rendements à l'hectare en lin battu........	5840	5240	4640
Valeur marchande des 100 kil. de lin battu.......	17	17	15
Rendements à l'hectare en graine...........	730	730	730
Valeur marchande des 100 kil. de graine.....	47	33	30
Poids de l'hectolitre de graine.........	75 kil.	75 kil.	72 kil.
Hauteur moyenne des tiges............	0.83	0.78	0.72
Résistance à la verse..............	passable	bonne	bonne
Précocité......................	précoce	précoce	tardive
Couleur de la paille à la maturation........	bonne	bonne	passable
Qualité de la paille..............	bonne	bonne	passable
Qualité de la graine..............	bonne	bonne	bonne

(Résultats certifiés par MM. Vescontre et Courcol)

Produits bruts en argent à l'hectare.

	VARIÉTÉS	Pskoff Vilmorin	Riga tonne	Riga sous tonne
	en lin battu....	992.8	890.8	696.0
Produit brut	en graine....	341.1	240.9	219.0
	total.....	1333.9	1130.7	915.0
Différence sur le témoin............		+403.2		—145.7

Appréciation des résultats. — Le lin de Pskoff donne un rendement supérieur à la Tonne de Riga, et surtout à la Sous-Tonne. Sa paille a également été jugée de meilleure qualité. M. Courcot fait remarquer avec raison, que cette variété est surtout supérieure dans les années sèches.

M. DECHERF, à Noordpeene.

Lin de Pskoff Vilmorin.....	10 ares
Lin de Pskoff russe (Vallet).....	10 ares
Lin de Riga-Sous-Tonne.....	10 ares

Nature du sol. — Argileux.

Fumure. — 600 k. superphosphates et 200 k. nitrate à l'hectare, épandus au moment des semailles, et enfouis à la herse.

Semailles. — 10 avril.

Levée. — 20 avril pour le Pskoff et 22 pour le Riga.

Elle a été très bonne pour les 3 variétés.

Végétation. — La sécheresse a fait beaucoup de tort ; les deux variétés de Pskoff ont pris dès le début une avance qu'elles ont toujours conservée ; si les lins avaient reçu un peu d'eau, ils auraient gagné en taille et en qualité. Les Pskoff avaient au 15 juin une hauteur assez uniforme de 0.78 ; le Riga, qui a plus souffert de la sécheresse, n'atteignait à cette époque que 0.70.

Récolte. — 15 juillet.

Tableau des rendements :

VARIÉTÉS	Riga Sous-Tonne	Pskoff-Vilmorin	Pskoff russe (Vallet)
Numéros des variétés	1	2	3
Rendements à l'hectare en lin en graine	6500	6700	6600
Rendements à l'hectare en lin battu	5800	6000	5900
Valeur marchande des 100 k. de lin battu	10	13	13
Rendements à l'hectare en lin roui	4830	5000	4920
Rendements à l'hectare en lin teillé	1450	1500	1230
Valeur marchande des 100 k. de lin teillé	90 fr.	90 fr.	90 fr
Rendements à l'hectare en graine	500	650	600
Valeur marchande des 100 k. de graine	27	28	28
Poids de l'hectolitre de graine	70	70	70
Hauteur moyenne des tiges	0.70	0.85	0.80
Résistance à la verse	bonne	bonne	bonne
Précocité	passable	moyenne	moyenne
Couleur de la paille à la maturation	passable	bonne	bonne
Qualité de la paille	bonne	bonne	bonne
Qualité de la graine	bonne	bonne	bonne

(Résultats certifiés par MM. J. Charlet, A. Charlet, Vermesche, Blondé, Persyn).

Produits bruts en argent à l'hectare :

VARIÉTÉS		Riga-Tonne	Pskoff-Vilmorin	Pskoff russe (Vallet)
Produit brut	en lin battu	580	780	767
	en graine	135	182	168
	Total	715	962	935
Différences sur le témoin		»	+ 247 fr.	+ 220 fr.

Appréciation des résultats. — Le Pskoff Vilmorin tient la tête comme hauteur de tige, comme rendement en lin battu, en graine, (ce qui semble assez anormal) et en produit brut en argent à l'hectare. L'excédent qu'il fournit sur le Riga sous ce dernier rapport, est de 247 fr. à l'hectare.

Le Pskoff russe (Vallet) le suit de très près ; il présente d'ailleurs les mêmes caractères que le Pskoff Vilmorin.

Quant au Riga, qui semble avoir le plus souffert de la sécheresse, il est inférieur comme quantité, qualité de paille, et produit en argent.

M. *Henri DEFRAEYE*, à Staple.

Lin de Pskoff Vilmorin.............................. 10 ares.
Lin de Pskoff russe (Vallet)........................ 10 ares.
Lin de Riga-Tonne.................................. 10 ares.

Nature du sol. — Argilo-siliceux.

Fumure. — Purin épandu le 18 mars, et engrais chimique Georges Ville, le 1er avril, enfoui à la herse.

Semailles. — 1er avril.

Levée. — Pskoff russe 10 avril, Pskoff Vilmorin 11 avril et Riga 13 avril. La levée a été très bonne pour toutes les variétés.

Végétation. — Le Pskoff Vilmorin a pris immédiatement plus de taille que les autres, et a conservé son avance pendant toute la végétation, mais la différence, avec le Pskoff russe surtout n'était pas bien grande.

Récolte. — 8 juillet.

Tableau des Rendements :

	Riga tonne	Pskoff Vilmorin	Pskoff russe (Vallet)
Numéros des parcelles................................		1	
Rendements à l'hectare en lin en graines...........		6500	6200
Rendements à l'hectare en lin battu...............		5850	5580
Valeur marchande des 100 kil. de lin battu........		12 fr. 50	12 fr. 50
Rendements à l'hectare en lin roui...............		5730	5470
Rendements à l'hectare en lin teillé.............		1440	1370
Valeur marchande des 100 kil. de lin teillé......		110 fr.	110 fr.
Rendements à l'hectare en graine.................		560	500
Valeur marchande des 100 kil. de graine..........		26 fr. 50	26 fr. 50
Poids de l'hectolitre de graine.................		75 kil.	75 kil.
Hauteur moyenne des tiges.......................		0.85	0.80
Résistance à la verse..........................		bonne	bonne
Précocité....................................		moyenne	précoce
Couleur de la paille à la maturation............		Bonne	bonne
Qualité de la paille...........................		bonne	bonne
Qualité de la graine...........................		bonne	bonne

Note (en marge verticale) : Les produits étaient si faibles qu'ils n'ont pas été pesés.

(Résultats certifiés par MM. Defraeye, Henri et Coloos)

Produits bruts en argent à l'hectare :

		Riga tonne	Pskoff Vilmorin	Pskoff russe (Vallet)
Produit brut	en lin battu.................		731.2	697.5
	en graine....................		148.4	132.5
	Total.......................		879.6	830.0
Différences sur le témoin.....................			?	?

Appréciation des résultats. — Il est regrettable que, malgré la faible récolte donnée par le Riga, M. Defraeye n'ait pas cru devoir la peser. Notre expérience dont la principale raison d'être est son caractère comparatif, n'ayant plus de témoin, n'offre plus aucun intérêt, et ne nous permet que de comparer les chiffres des deux Pskoff. C'est le Pskoff Vilmorin qui l'emporte, mais de peu de chose.

M. Casimir DEKNUYDT à Volkerinkhove.

Un essai comparatif du lin de Riga, avec le Pskoff Vilmorin et le Pskoff russe (Vallet) avait été établi chez M. Deknuydt. La levée avait été très bonne, surtout pour le Pskoff Vilmorin qui promettait beaucoup, mais la sécheresse a été telle que les trois parcelles ont dû être retournées.

M. DELANNOY-CHUFFART à Lesquin.

Lin de Pskoff Vilmorin.. 8 à 41.
Lin de Pskoff russe (Vallet) .... 45 à 50.
Lin de Riga.. 35 à 49.

Nature du sol. — Argilo-siliceux.

Fumure. — 167 kil. sulfate de potasse, 83 kil. de nitrate et 500 kil. plâtre à l'hectare, enfouis à l'extirpateur et à la herse, le 18 mars.

Semailles. — 31 mars.

Levée. — Le Pskoff Vilmorin et le Pskoff russe, le 9 avril, le Riga le 10 avril.

Le Pskoff Vilmorin a levé plus dru par suite de la graine qui est plus fine ; le Pskoff russe, bonne levée, le Riga un peu moins bonne.

Végétation. — Les lins ont eu à souffrir de la sécheresse, et surtout des gelées, le Riga qui était moins dru, a particulièrement été atteint. Le manque d'eau a avancé la floraison sans donner de taille aux tiges, qui sont restées très petites ; au 1er juin on a pu déjà voir quelques fleurs.

Les Pskoff levés plus dru, et plus vite, ont conservé leur avance jusqu'à la fin.

Récolte. — 7 juillet.

Tableau des rendements :

	Pskoff russe (Vallet).	Pskoff Vilmorin.	Riga.
Numéros des parcelles	1	2	3
Rendements à l'hectare en lin en graine...........	5000	5000	6000
Hauteur moyenne des tiges	70	70	68
Résistance à la verse	bonne	passable	bonne
Précocité	précoce	précoce	moyenne
Couleur de la paille à la maturation.............	bonne	bonne	bonne
Qualité de la paille............................	bonne	bonne	bonne
Qualité de la graine...........................	passable	passable	passable

(Résultats certifiés par M. Laden Fernand.)

Appréciation des résultats. — M. Delannoy-Chuffart a vendu son lin brut en graine, et il n'a, par conséquent, pas pesé ni apprécié les rendements en lin battu et en graine.

Ce fait est d'autant plus regrettable, que nous nous trouvons en présence de rendements qui ne concordent pas avec ceux de la presque totalité de nos collaborateurs, puisqu'ici le Riga donne un plus fort rendement que les deux Pskoff. Il pourrait néanmoins s'expliquer si nous connaissions les rendements en lin battu et en graine, car le Riga nous donne plus de graine, ce qui augmente le rendement. Mais aussi le Pskoff a ordinairement plus de qualité, ce qui aurait pu compenser largement son peu de rendement en graine. Il est permis de penser qu'il en aurait été ainsi, puisque le rapport mentionne la qualité plus grande des deux Pskoff, mais surtout du Pskoff Vilmorin.

M. DELVAR, à Noordpeene

Lin de Pskoff Vilmorin...................... 10 ares
Lin de Pskoff russe (Vallet)................ 10 ares
Lin de Riga-Tonne.......................... 10 ares

Nature du sol. — Argilo-siliceux.

Fumure. — Vidanges et 600 kil. de superphosphates à l'hectare, enfouis par hersages.

Semailles. — 2 avril.

Levée. — 12 avril pour le Pskoff, et 13 avril pour le Riga. Elle a été excellente pour les trois variétés.

Végétation. — Malgré l'effet nuisible de la sécheresse, les lins de Pskoff se sont élancés très vite, ont pris une bonne avance, et l'ont conservé.

Le Pskoff russe surtout se remarquait par sa vigueur, au 15 juin, sa hauteur moyenne était de 0^m75. Le Pskoff Vilmorin, présentait sur lui peu d'infériorité, mais le Riga, est resté constamment plus faible. C'est d'ailleurs cette variété qui a été la plus atteinte par la sécheresse.

Récolte. — 20 juillet.

Les Pskoff ont été arrachés les premiers. A cette époque, le Pskoff Vilmorin avait regagné, mais ne dépassait pas comme aspect, le lin Russe (Vallet).

Tableau des rendements :

	Riga tonne	Pskoff Vilmorin	Pskoff russe (Vallet)
Numéros des parcelles..........................	1	2	3
Rendements à l'hectare en lin en graines............	6480	6540	6800
Rendements à l'hectare en lin battu................	5780	5840	6100
Valeur marchande des 100 kil. de lin battu.........	12 fr.	13 fr.	14 fr.
Rendements à l'hectare en lin roui................	5400	5450	5660
Rendements à l'hectare en lin teillé...............	1350	1380	1420
Valeur marchande des 100 kil de lin teillé.........	90 fr.	90 fr.	90 fr.
Rendements à l'hectare en graine.................	590	550	650
Valeur marchande des 100 kil. de graine..........	26 fr.	28 fr.	28 fr.
Poids de l'hectolitre de graine...................	72 k.	72 k.	72 k.
Hauteur moyenne des tiges.......................	0.71	0.80	0.89
Résistance à la verse...........................	bonne	bonne	bonne
Précocité......................................	passable	moyenne	moyenne
Couleur de la paille à la maturation..............	passable	bonne	bonne
Qualité de la paille.............................	bonne	bonne	bonne
Qualité de la graine............................	bonne	bonne	bonne

(Résultats certifiés par MM. A. Charlet, Blondé, J. Charlet, Vermeroh, Perseyn).

Produits bruts en argent à l'hectare :

		Riga tonne	Pskoff Vilmorin	Pskoff russe (Vallet)
Produit brut	en lin battu..............	693.6	759.2	854.0
	en graine................	153.4	154	182.0
	Total.....	847.0	913.2	1036.0
Différence sur le témoin..........................		»	+ 66 fr. 2	+ 189 fr.

Appréciation des résultats. — Ainsi qu'il était permis de le supposer, le Pskoff russe (Vallet) l'emporte comme rendement et qualité en lin battu ainsi que comme produit brut en argent. Le Riga, au contraire, l'emporte en rendement en graine.

M. A. DESPRETZ, à Deûlémont.

Lin de Pskoff Vilmorin............................... 10 ares.
Lin de Tonne de Riga............................... 10 ares.

Nature du sol. — Argileux froid.

Fumure. — 1000 k. tourteaux œillette avec fumier.

Semailles. — 10 avril.

Levée. — 20 au 22 avril, et Riga du 21 au 23.
La levée a été très bonne.

Végétation. — La sécheresse et l'extrême chaleur du 10 juin a fait beaucoup de mal à toutes les variétés. Le Pskoff a mieux résisté.

Le Pskoff a toujours eu plus de taille. Sa filasse doit être plus souple et sa couleur est meilleure.

Récolte. — Pskoff 12 juillet. Riga 20 juillet.

Tableau des rendements :

	Riga	Pskoff
Numéros des parcelles............................	1	2
Rendements à l'hectare en lin en graines...............	4800	5400
Rendements à l'hectare en lin battu...................	4000	4700
Valeur marchande des 100 k. de lin battu..............	24	25 fr.
Rendements à l'hectare en lin roui...................		
Rendements à l'hectare en lin teillé..................		
Valeur marchande des 100 k. de lin teillé.............		
Rendements à l'hectare en graine....................	400 kil.	300
Valeur marchande des 100 k. de graine................	27 fr.	26 fr.
Poids de l'hectolitre de graine......................		
Hauteur moyenne des tiges.........................	0.70	0.78
Résistance à la verse..............................	bonne	bonne
Précocité.......................................	moyenne	précoce
Couleur de la paille à la maturation..................	moyenne	bonne
Qualité de la paille...............................	bonne	bonne
Qualité de la graine...............................	bonne	bonne

Produits bruts en argent à l'hectare :

		Riga	Pskoff
Produit brut	En lin battu	840	1175
	En graine	108	78
	Total	948	1253
Différence sur le témoin		»	+ 305 fr.

Appréciation des résultats. — Suivant M. Despretz, le lin de Pskoff est appelé à un grand succès, sa tige est plus haute, sa filasse est plus fine et de meilleure qualité; il estime de 15 à 18 % de supériorité sur le lin de Riga.

M. Hector DUPIRE, à Rosult

Lin de Pskoff Vilmorin	10 ares
Lin de Pskoff russe (Vallet)	10 ares
Lin de Tonne de Riga	22 ares

Nature du sol. — Argileux.

Fumure. — Aucun engrais.

Semailles. — 6 Avril.

Levée. — Les 3 variétés ont levé ensemble du 15 au 20 avril. Elle a été bonne, mais un peu languissante.

Végétation. — La récolte aurait été très belle sans cette sécheresse constante. Aux débuts de la végétation les 3 variétés étaient à peu près égales, mais bientôt la supériorité des Pskoff se marqua, et avant la récolte les deux Pskoff étaient en tête, laissant assez loin derrière eux le lin de Riga.

Récolte. — 10 Juillet.

Tableau des rendements :

	Riga Tonne	Pskoff russe (Vallet)	Pskoff Vilmorin
Numéros des parcelles	1	2	3
Rendements à l'hectare en lin en graines	4320	5366	4800
Rendements à l'hectare en lin battu	3000	4260	4050
Valeur marchande des 100 kg de lin battu	18 fr.	25 fr.	25 fr.
Rendements à l'hectare en lin roui	1920	2606	2592
Rendements à l'hectare en lin teillé	345.6	468	400
Valeur marchande des 100 kg de lin teillé	180 fr.	220 fr.	220 fr.
Rendements à l'hectare en graine	660	632	582
Valeur marchande des 100 kg de graine	27 fr.	27 fr.	27 fr.
Poids de l'hectolitre de graine	71 kil.	71 kil.	71 kil.
Hauteur moyenne des tiges	0 60	0.70	0.65
Résistance à la verse	bonne	bonne	bonne
Précocité	précoce	précoce	précoce
Couleur de la paille à la maturation	bonne	bonne	bonne
Qualité de la paille	bonne	bonne	bonne
Qualité de la graine	bonne	bonne	bonne

(Résultats certifiés par MM. Duhem et Dupire).

Produits bruts en argent à l'hectare :

		Riga Tonne	Pskoff russe (Vallet)	Pskoff Vilmorin
Produit brut	En lin battu	540.00	1065.00	1012.50
	En graine	178.20	170.64	157.14
	Total	718.20	1235.64	1169.64
Différences sur le témoin		»	+ 517.4	+ 451

Appréciation des résultats. — M. Dupire pense que le Pskoff est décidément supérieur. C'est la seconde année qu'il en fait l'essai, et il est maintenant persuadé que cette variété est supérieure au Riga comme rendement en filasse et comme produit en argent. Le produit en argent à l'hectare est en effet très beau, et l'excédent de produit brut de 517 fr. 40, que donne le Pskoff russe sur le Riga, résume sa supériorité.

6

M. L. DUQUESNOY, à Toufflers.

Lin de Pskoff Vilmorin............................... 10 ares.
Lin de Pskoff russe (Vallet)....................... 10 ares.
Lin de Riga-Tonne.................................. 10 ares.

Nature du sol. — Argilo-siliceux.

Fumure. — Engrais chimiques épandus le 2 avril et enfouis à la herse.

Semailles. — 4 avril.

Levée. — 15 avril pour toutes les variétés. Elle a été bonne.

Végétation. — M. Duquesnoy n'a guère observé de différence dans la croissance des trois variétés mises en présence.

Récolte. —

Tableau des rendements :

	Pskoff russe (Vallet).	Pskoff Vilmorin	Riga-Tonne.
Numéros des parcelles.........................	1	2	3
Rendements à l'hectare en lin en graines........	4950	4750	4700
Rendements à l'hectare en lin battu.............	4550	4390	4280
Valeur marchande des 100 kil. de lin battu......	17 fr.	18 fr.	17 fr.
Rendements à l'hectare en graine...............	400	360	420
Valeur marchande des 100 kil. de graine........	26 fr.	26 fr.	26 fr.
Poids de l'hectolitre de graine.................	70 kil.	70 kil.	70 kil.
Hauteur moyenne des tiges......................	0.58	»	»
Résistance à la verse..........................	bonne	bonne	bonne
Précocité.....................................	moyenne	moyenne	moyenne
Couleur de la paille à la maturation............	bonne	bonne	bonne
Qualité de la paille...........................	bonne	bonne	bonne
Qualité de la graine...........................	bonne	bonne	bonne

Produits bruts en argent à l'hectare :

		Pskoff russe Vallet	Pskoff Vilmorin	Riga Tonne
Produit brut	en lin battu..............	773.5	782.2	727.6
	en graine................	104.0	93.6	109.2
	total....................	877.5	875.8	835.8
Différences sur le témoin................................		+ 41.7	+ 40.8	

Appréciation des résultats. — Les trois variétés se sont peu caractérisées. Cependant M. Duquesnoy, quoique ne constatant que peu de différence, donne la préférence au Pskoff russe, non pas à cause de l'excédent de produit brut presque insignifiant qu'il fournit, mais par suite de la présence dans le Pskoff Vilmorin de nombreuses tiges sèches avant maturité. Cette particularité se présente presque toujours chez le Pskoff Vilmorin, et c'est un inconvénient sérieux puisque c'est un déchet au teillage et une mauvaise note que l'acheteur aperçoit toujours.

M. DUTILLEUL-BRAME, à Gruson.

Lin de Pskoff Vilmorin .... 25 ares.
Lin de Pskoff russe Vallet ... 40 ares.
Lin de Tonne de Riga .... 93 ares.

Nature du sol. — Argilo-siliceux.

Fumure. — Tourteaux et engrais chimiques (formule Vallet-Roger)

Semailles. — 1er Avril.

Levée. — Très lente pour les trois variétés. Les deux Pskoff ont néanmoins eu une levée plus précoce.

Végétation. — Les variétés de Pskoff ont, comme le Riga, beaucoup souffert de la sécheresse ; mais elles ont toujours tenu l'avance, le russe (Vallet) en tête, l'autre suivant de près.

Récolte. — 7 juillet.

Tableau des rendements :	Pskoff Vilmorin	Pskoff russe Vallet	Riga-Tonne
Numéros des parcelles	1	2	3
Rendements à l'hectare en lin, en graines........	3850	4100	3300
Rendements à l'hectare en lin battu	3003	3512	2475
Valeur marchande des 100 kil. de lin battu........	26 fr.	28 fr.	15 fr.
Rendements à l'hectare en graine........	400	450	350
Valeur marchande des 100 kil. de graine........	34 fr.	34 fr.	34 fr.
Poids de l'hectolitre de graine........			
Hauteur moyenne des tiges	0 m. 65	0 m. 70	0 m. 50
Résistance à la verse........	passable	bonne	moyenne
Précocité........	précoce	précoce	moyenne
Couleur de la paille à la maturation	passable	bonne	moyenne
Qualité de la paille........	passable	bonne	moyenne
Qualité de la graine........	bonne	bonne	bonne

(Résultats certifiés par MM. Paulin, Henno, H. Decalonne, F. Decalonne).

Produits bruts en argent à l'hectare :

		Pskoff Vilmorin	Pskoff russe Vallet	Riga Tonne
Produit brut	en lin battu	780.78	983.36	371.25
	en graine	136.00	153.00	119.00
	total	916.78	1136.36	490.25
Différences sur le témoin		+426.53	+646.11	

Appréciation des variétés. — Les apparences se sont réalisées. Le Pskoff russe (Vallet) a été bien supérieur en tout, même en graine aux deux autres variétés. Il donne un produit brut en argent à l'hectare de 1136 fr., c'est-à-dire plus du double que le Riga. Le Pskoff Vilmorin que l'on pensait voir suivre de près le Pskoff russe, ne rend que 916 fr. de produit brut ce qui est encore près du double du Riga.

MM. FRETIN frères, à Cappelle.

Lin de Pskoff Vilmorin .... 10 ares.
Lin de Pskoff russe Vallet .... 10 ares.
Lin de Tonne de Riga .... 10 ares.

Nature du Sol. — Argileux.

Cultures précédentes. — Betteraves à sucre en 1889, Blé en 1890, Avoine en 1891.

Fumure. — Superphosphates 400 kil., Sulfate de potasse 200 kil.; Sulfate d'ammoniaque 200 kil., Nitrate de soude 75 kil., par hectare.

Semailles. — 5 avril.

Levée. — Pskoff Vilmorin 13 avril, Riga 18 avril et Pskoff russe (Vallet) 15 avril.

Végétation. — Le Pskoff Vilmorin en avance par suite de sa levée hâtive, a grandi plus vite au début, mais arrivé à une hauteur de 0m15, il s'est laissé dépasser par le Pskoff russe et le Riga, mais le Riga était supérieur.

Récolte. —

Tableau des rendements :

	Pskoff Vilmorin	Riga-Tonne	Pskoff russe (Vallet)
Numéros des parcelles............................	1	2	3
Rendements à l'hectare en lin en graines...........	»	»	»
Rendements à l'hectare en lin battu................	3400	3700	2800
Valeur marchande des 100 kilogr. de lin battu.....	18 fr. 50	18 fr. 50	18 fr. 50
Rendements à l'hectare en graines.................	530	720	580
Valeur marchande des 100 kilogr de graines.......	30 fr.	30 fr.	30 fr.
Poids de l'hectolitre de graines..................	71 kil	71 kil.	71 kil.
Hauteur moyenne des tiges.......................	0.60	0.68	0.60
Résistance à la verse	bonne	bonne	bonne
Précocité	précoce	tard	moyenne
Couleur de la paille à la maturation..............	passable	bonne	mauvaise
Qualité de la paille.............................	passable	bonne	passable
Qualité de la graine.............................	passable	bonne	passable

Produits bruts en argent à l'hectare :

		Pskoff Vilmorin	Riga-Tonne	Pskoff russe (Vallet)
Produit brut......	En lin battu.....	629 fr. 0	684 fr. 5	518 fr. 0
	En graine........	159 fr. 0	216 fr. 0	174 fr. 0
	Total	788 fr. 0	900 fr. 5	692 fr. 0
Différences sur le témoin.............		—112 fr.		—208 fr. 0

Appréciation des résultats. — Les résultats dont nous venons de donner les chiffres, sont une des *très rares exceptions* de toutes nos expériences de 1892. Les deux Pskoff sont en déficit sur le Riga. Le même fait s'était déjà produit en 1891 chez MM. Fretin.

M. J.-B. GAMEZ, à Morenchies.

Lin de Pskoff Vilmorin........................	20 ares,
Lin de Pskoff russe (Vallet)...................	60 ares.
Lin de Riga Sous-Tonne.......................	20 ares.

Nature du Sol. — Argileux rouge.

Fumure. — Engrais spécial pour lin.

Semailles. — 23 avril.

Levée. — Les trois variétés ensemble le 6 mai. La levée a été très bonne.

Végétation. — Les lins ont souffert de la sécheresse jusqu'au 23 Juin, époque de la 1re pluie. Ils sont restés courts et donneront une mauvaise récolte. Le Pskoff Vilmorin était néanmoins le plus fort et la Sous-Tonne de Riga le plus faible. La pluie du 23 juin a fait gagner les 3 variétés, surtout le Pskoff russe.

Récolte. — 20 juillet.

Tableau des rendements :

	Pskoff russe (Vallet)	Riga sous Tonne	Pskoff Vilmorin
Numéros des parcelles	1	2	3
Rendements à l'hectare en lin en graines	5340	5050	5550
Rendements à l'hectare en lin battu	4500	3750	4750
Valeur marchande des 100 kil. de lin battu	6 fr.	4 fr.	7 fr.
Rendements à l'hectare en graine	800 k.	920	720 k.
Valeur marchande des 100 kil. de graine	40 fr.	28 fr.	40 fr.
Poids de l'hectolitre de graine	75	75	76
Hauteur moyenne des tiges	0.50	0.35	0.55
Résistance à la verse	bonne	bonne	bonne
Précocité	moyenne	tardive	précoce
Couleur de la paille à la maturation	bonne	passable	bonne
Qualité de la paille	bonne	passable	bonne
Qualité de la graine	bonne	passable	bonne

(Résultats certifiés par MM. Victor Germe et Denbyelle).

Produits bruts en argent à l'hectare :

		Pskoff russe (Vallet)	Riga sous tonne	Pskoff Vilmorin
Produit brut	en lin battu	270.0	150.0	332.5
	en graine	320.0	257.0	288.0
	Total	590.0	407.0	620.5
Différences sur le témoin		+ 183		+ 213.5

Appréciation des résultats. — Les produits en argent à l'hectare sont excessivement faibles. Cela provient de ce que M. Gamez a vendu ses lins très tôt, à des prix presque dérisoires.

Les Pskoff comme on le supposait, sans donner une belle récolte, sont bien supérieurs comme rendements (sauf pour la graine), comme qualité, et comme produits bruts en argent. Le Pskoff Vilmorin l'emporte.

M. HERBET, à Haynecourt.

Lin de Pskoff Vilmorin...................................... 18 ares 56.
Lin de Pskoff russe Vallet................................. 17 ares 62.
Lin de tonne de Riga...................................... 25 ares 19.
Lin de Sous Tonne de Riga............................. 23 ares 65.

Nature du sol. — Argileux.

Cultures précédentes. — 1890 : Féveroles fumées.

1891 : Blé.

Dernier lin. — 1875.

Fumure. — Chaque variété était divisée en deux parties, et chacune avait une fumure différente. Sur l'une, on avait mis de la colombine, du sulfate de fer, du phosphate et des tourteaux. Sur l'autre la fumure d'essai que nous employons habituellement. — La sécheresse a été si grande, que ni dans une bande ni dans l'autre, aucun engrais n'a fait le moindre effet.

Végétation. — Les deux Pskoff, malgré la triste apparence de la récolte ont néanmoins acquis et conservé plus de taille.

Récolte. — 10 juillet.

Tableau des rendements :

VARIÉTÉS	Riga sous Tonne	Pskoff Vilmorin	Pskoff russe (Vallet)	Riga sous tonne reposée 1888
Numéros des parcelles....................	1	2	3	4
Rendements à l'hectare en lin en graines.......	2950	3649	3632	3334
Rendements à l'hectare en lin battu.........	2114	2723	2780	1587
Valeur marchande des 100 kil. de lin battu......	6 fr.	10 fr.	9 fr.	7 fr.
Rendements à l'hectare en graine..........	515	476	476	655
Valeur marchande des 100 kil. de graine	28 fr. 50	28 fr. 50	28 fr. 50	28 fr. 50
Poids de l'hectolitre de graine...........	70 kil.	70 kil.	70 kil.	70 kil.
Hauteur moyenne des tiges...........	0.45	0.65	0.65	0.55
Résistance à la verse	bonne	bonne	bonne	bonne
Précocité	précoce	précoce	précoce	tardive
Couleur de la paille à la maturation	passable	bonne	bonne	passable
Qualité de la paille................	passable	passable	passable	passable
Qualité de la graine................	bonne	bonne	bonne	bonne

(Résultats certifiés par MM. Herbet et Bouchez

Produits bruts en argent à l'hectare :

VARIÉTÉS		Riga sous tonne	Pskoff Vilmorin	Pskoff russe (Vallet)	Riga sous tonne réposée 1888
Produit brut...	en lin battu	126.8	272.3	250.2	110.9
	en graine	144.7	135.6	135.6	186.7
	Total	271.5	407.9	385.8	307.6
Différences sur le témoin			+ 125.4	+ 114.3	+ 36.10

Appréciation des résultats. — Les deux Pskoff sont les variétés qui ont le mieux réussi, mais la filasse du Pskoff Vilmorin est préférable. M. Herbet dit avec raison, que l'aptitude qu'a le Pskoff à croître rapidement, lui donne un inconvénient, c'est d'être sujet à la verse dans les années humides, mais un avantage, c'est de pouvoir se cultiver avec moins d'engrais en année moyenne, c'est-à-dire plus économiquement.

M. LESTARQUIS à Rumegies.

Lin de Pskoff Vilmorin .... 7 a 50.
Lin de Pskoff Vilmorin sous tonne. .... 7 a 50.
Lin de Riga... 7 a 50

Nature du sol. — Argileux.

Fumure. — Engrais chimique spécial pour lin Derôme.

Semailles. — **28** mars.

Levée. — 15 Avril pour toutes les variétés. Elle a été très bonne.

Végétation. — Sans avoir trop souffert de la sécheresse, les différentes variétés ne présentaient pas, pendant la période de végétation de différence considérable. Le Pskoff Vilmorin semblait le plus fort, et sa sous tonne inférieure au Riga.

Récolte. — 10 juillet.

Tableau des rendements :

	Riga tonne	Pskoff Vilmorin	Pskoff Vilmorin Sous Tonne.
Numéros des parcelles..........................	1	2	3
Rendements à l'hectare en lin en graines........	»	»	»
Rendements à l'hectare en lin battu.............	4200	4800	4500
Valeur marchande des 100 kil. de lin battu......	17 fr.	18 fr.	17 fr.
Rendements à l'hectare en graines..............	520	520	520
Valeur marchande des 100 kil. de graines........	35 fr.	35 fr.	35 fr.
Poids de l'hectolitre de graine.................	74 kil.	74 kil.	74 kil.
Hauteur moyenne des tiges......................	0.70	0.80	0.80
Résistance à la verse...........................	bonne	bonne	bonne
Précocité......................................	moyenne	moyenne	moyenne
Couleur de la paille à la maturation.............	bonne	bonne	bonne
Qualité de la paille............................	très bonne	très bonne	très bonne
Qualité de la graine...........................	bonne	bonne	bonne

Produits bruts en argent à l'hectare :

		Riga-Tonne	Pskoff Vilmorin	Pskoff Vilmorin Sous-Tonne
Produit brut... {	en lin battu..........	714 fr. 0	864 fr. 0	765 fr. 0
	en graine............	182 fr. 0	182 fr. 0	182 fr. 0
	Total..........	896 fr. 0	1146 fr. 0	947 fr. 0
Différence sur le témoin.................		»	+ 150 fr. 0	+ 51 fr. 0

Appréciation des résultats. — Comme on pouvait le supposer, le Pskoff Vilmorin l'emporte facilement sur les autres variétés, mais le Pskoff Vilmorin Sous-Tonne qui semblait assez faible donne cependant de meilleurs résultats que le Riga.

M. LESTARQUIS, à Rumegies.

Lin de Pskoff Vilmorin .... 10 ares.
Lin de Pskoff russe (Vallet)......................... 10 ares.
Lin de Riga-Tonne .... 10 ares.

Nature du sol. — Argilo-Calcaire.

Cultures précédentes. — 1890 : Blé avec fumier.

»　　　　　1891 : Avoine avec engrais chimiques.

Dernier lin. — Inconnu.

Fumure. — Phosphates de Quiévy 350 k : vidanges 20 hectolitres, nitrate de potasse 45 k.

Semailles. — 2 avril.

Levée. — Le 10 avril le Riga et le Pskoff Vilmorin, le 12 le Pskoff russe Vallet. La levée a été bonne, mais moins bonne pour cette dernière.

Végétation. — Le Pskoff russe a eu une levée plus claire, mais le lin est devenu plus fort. Il semble devoir aussi donner plus de graine. Le Vilmorin au contraire donnera plus de qualité de paille. Quant au Riga il est inférieur.

Récolte. — 4 juillet.

Tableau des rendements :

	Pskoff russe (Vallet)	Pskoff Vilmorin	Riga Sous-Tonne
Numéros des parcelles	1	2	3
Rendements à l'hectare en lin en graine	3750	3650	3200
Rendements à l'hectare en lin Lattu	3000	2900	2500
Valeur marchande des 100 kil. de lin battu	17 fr. 50	17 fr. 50	12 fr.
Rendements à l'hectare en graine	412 k. 5	327.8	350
Valeur marchande des 100 kil. de graine	40	50	37
Poids de l'hectolitre de graine	74	72	70
Hauteur moyenne des tiges	0.85	0.73	0.65
Résistance à la verse	bonne	bonne	mauvaise
Précocité	moyenne	précoce	tardive
Couleur de la paille à la maturation	bonne	bonne	passable
Qualité de la paille	bonne	bonne	passable
Qualité de la graine	bonne	bonne	bonne

(Résultats certifiés par MM. Reges et Couteau).

Produits bruts en argent à l'hectare :

	Pskoff russe (Vallet)	Pskoff Vilmorin	Riga Sous-Tonne
Produit brut... { en lin battu	525 fr. 0	507 fr. 5	300 fr. 0
{ en graine	170 fr. 0	163 fr. 9	129 fr. 5
Total	695 fr. 0	671 fr. 4	429 fr. 5
Différences sur le témoin	+ 265 fr. 0	+ 241 fr. 9	»

Appréciation des résultats. — D'après M. Lorthiôir, les lins de Pskoff ont plus de vigueur que les lins de Riga. Le Pskoff russe (Vallet) acquiert plus de taille ; les Pskoff ont plus de rapport en lin battu, et plus de qualité que le Riga, mais donnent moins de grain.

Madame Veuve MOMAL, à Monchecourt.

Lin de Pskoff Vilmorin.............. 10 ares.
Lin de Pskoff russe (Vallet)......... 10 ares.
Lin de Riga........................... 10 ares.

Nature du sol. — Argileux.

Fumure. — Engrais complet composé de phosphate de chaux, plâtre, nitrate de soude et chlorure de potassium.
Ces engrais ont été enfouis à l'extirpateur et à la herse.

Semailles. — Le 26 et le 31 mars.

Levée. — Le 10 avril, levée du Pskoff Vilmorin ; à cette date, le Pskoff russe Vallet lève à peine, et le Riga lève bien.

Végétation. — Tous les lins ont souffert de la sécheresse, principalement le Riga.
Vers le 20 juin, le Pskoff russe (Vallet) semble prendre la tête, mais cette avance est très faible.

Récolte. — 12 juillet.

Tableau des rendements.

	Riga-tonne	Pskoff Vilmorin	Pskoff russe Vallet
Numéros des parcelles	**1**	**2**	**3**
Rendements à l'hectare en lin, en graines	5325	5100	5000
Hauteur moyenne des tiges	0.50	0.75	0.70
Résistance à la verse	bonne	bonne	bonne
Précocité	précoce	moyenne	tardive
Couleur de la paille à la maturation	bonne	bonne	bonne
Qualité de la paille	bonne	bonne	bonne
Qualité de la graine	bonne	bonne	bonne

(Résultats certifiés par MM. Legache, Delannoy et Dellet).

Appréciation des résultats. — Au printemps 1892, les lins de Madame veuve Momal n'étaient pas vendus, ni *battus*. Dans ces conditions, les expériences n'ont aucun intérêt.

M. PIQUE-RAVIART, à Lecelles.

Lin de Pskoff Vilmorin	8 ares 75.
Lin de Pskoff russe (Vallet)	8 ares 75.
Lin de Pskoff Vilmorin sous Tonne	8 ares 75.
Lin de Riga sous Tonne	8 ares 75.

Nature du sol. — Argilo-calcaire.

Cultures précédentes. — 1890. Betteraves avec fumier et nitrate.
1891. Blé, avec engrais chimique.

Dernier lin. — Inconnu.

Fumure. — Fumier avant l'hiver, engrais chimique au printemps, appliqué le 24 mai.

Semailles. — 1er avril.

Levée. — Pskoff, 18 avril, et Riga, 20 avril. La levée a été bonne pour les Pskoff de tonne et passable pour ceux de sous Tonne et de Riga.

Végétation. — Les deux Pskoff de Tonne prirent l'avance et la conservèrent. Les variétés les plus faibles ont toujours été le Pskoff sous Tonne et surtout le Riga.

Récolte. — 4 juillet.

Tableau des rendements :

VARIÉTÉS	Riga sous tonne	Pskoff Vilmorin sous tonne	Pskoff Vilmorin	Pskoff russe (Vallet)
Numéros des parcelles	1-2	3-4	5-6	7-8
Rendements à l'hectare en lin, en graines				
Rendements à l'hectare en lin battu	3335	4000	4670	4600
Valeur marchande de 100 kil. de lin battu	7.50	10	17.5	17.5
Rendements à l'hectare en graine	942	674	792	792
Valeur marchande des 100 kil. de graine	34.70	34.70	34.70	34.70
Poids de l'hectolitre de graine	72	71	72	72
Hauteur moyenne des tiges				
Résistance à la verse	bonne	bonne	bonne	bonne
Précocité	moyenne	moyenne	moyenne	moyenne
Couleur de la paille à la maturation	bonne	bonne	bonne	bonne
Qualité de la paille	bonne	bonne	bonne	bonne
Qualité de la graine	bonne	bonne	bonne	bonne

(Résultats certifiés par MM. Pique-Raviart et Robert Deneux).

Produits bruts en argent à l'hectare :

VARIÉTÉS	Riga Sous tonne	Pskoff Vilmorin S. tonne	Pskoff Vilmorin	Pskoff russe (Vallet)
Produit brut — En lin battu	250.1	400.0	817.2	805.0
En graine	326.8	232.8	298.5	274.8
Total	576.9	632.8	1115.7	1079.8
Différences sur le témoin	»	+ 55.9	+541.7	+502.9

Appréciation des résultats. — Une très grande différence peut être constatée entre les deux Pskoff de Tonne, et les Sous tonne de Pskoff et le Riga. Levés plus vite, les lins de Tonne de Pskoff ont toujours conservé leur supériorité. Les rendements en lin battu sont supérieurs, mais la qualité de la paille fait surtout la plus grande différence. Aussi le Pskoff Vilmorin qui est en tête, rapporte-t-il près du double du Riga Sous Tonne.

M. RYCKELYNCK, à Bollezeele

M. Ryckelynck avait établi un essai comparatif de trois variétés. Les renseignements reçus pendant la végétation témoignaient nette-

ment en faveur des lins de Pskoff, le Riga étant manifestement
inférieur. Nous ne pouvons donner aucune suite, tirer aucune
conclusion de ces essais, M. Ryckelynck ne nous ayant transmis
aucun chiffre sur la récolte de ses lins.

M. J^{ph} SERGHERAERT, à Mercheghem

Lin de Pskoff Vilmorin . . . . 9 ares
Lin de Pskoff russe Vallet . . . . . . 9 ares
Lin de Riga tonne . . . . 9 ares

Nature du sol. — Argileux compact.

Fumure. — Superphosphates en janvier et nitrate aux semailles.

Semailles. — 31 Mars.

Levée. — Pskoff russe 10 avril ; Pskoff Vilmorin 13 avril ; Riga
14 avril. Elle a été bonne pour les 3 variétés.

Végétation. — La terre étant de nature très argileuse, était
devenue à la suite de la sécheresse d'une dureté excessive. Au
moment du sarclage, les lins ont été froissés et s'en sont ressentis
pendant longtemps. Le Riga semble avoir le plus souffert de la
sécheresse. Les deux Pskoff ont toujours tenu la tête.

Récolte — 12 Juillet.

Tableau des rendements :

	Riga Tonne	Pskoff russe (Vallet)	Pskoff Vilmorin
Numéros des parcelles	1	2	3
Rendements à l'hectare en lin en graines	5166	5721	5799
Rendements à l'hectare en lin battu	4555	5175	5530
Valeur marchande des 100 kg de lin battu	10 fr.	14 fr.	18 fr.
Rendements à l'hectare en lin roui	3333	3521	3555
Rendements à l'hectare en lin teillé	726	841	857
Valeur marchande des 100 kg de lin teillé	150 fr.	155 fr.	155 fr.
Rendements à l'hectare en graine	731	554	568
Valeur marchande des 100 kg de graine	26 fr.	26 fr.	26 fr.
Poids de l'hectolitre de graine	72 kil.	72.5	72.5
Hauteur moyenne des tiges	0.60	0.62	0.65
Résistance à la verse	bonne	bonne	bonne
Précocité	moyenne	précoce	moyenne
Couleur de la paille à la maturation	mauvaise	bonne	passable
Qualité de la paille	passable	bonne	bonne
Qualité de la graine	bonne	bonne	bonne

(Résultats certifiés par MM. C. Ryngaert, C. Elleboode, Vanhove).

Produits bruts en argent à l'hectare.

		Riga-Tonne	Pskoff russe (Vallet)	Pskoff Vilmorin.
Produit brut...	En Lin battu	455.5	724.5	718.9
	En graine	189.8	144.0	147.7
	TOTAL	645.3	868.5	866.6
Différences sur le témoin			+ 223.2	+ 221.3

Appréciation des résultats. — Les deux variétés de Pskoff sont bien supérieures au Riga sous le rapport des rendements en lin battu, mais elles donnent moins de graine. Elles donnent un excédent de produit brut de plus de 200 fr. à l'hectare sur le Riga. Le Pskoff Vilmorin a un rendement supérieur au Pskoff russe en lin battu, mais ce dernier a fourni une filasse de meilleure qualité.

M. C. THOMAS, à Cerfontaine

```
Lin de Pskoff Vilmorin.......................... 41 ares 60
Lin de Pskoff russe (Vallet)..................... 41 ares 60
Lin de Riga-Tonne............................... 41 ares 60
Lin de Riga sous Tonne.......................... 41 ares 60
```

Nature du sol. — Argileux.

Récoltes précédentes. — 1890 : Blé après betteraves fumées.

1891 : Trèfle enfoui à l'automne avec demi-fumure.

Au printemps, engrais spécial (Vallet-Roger).

Dernier lin. — 1880.

Semailles. — 29 avril.

Levée. — Levée uniforme et régulière des 4 parcelles le 10 mai. La levée a cependant été un peu lente par suite de la sécheresse.

Végétation. — Les Pskoff ont toujours acquis plus de taille, surtout après les pluies de juin. Les lins de Riga ont eu une floraison plus hâtive.

Récolte. — Fin juillet.

Tableau des rendements :

	Pskoff Vilmorin	Riga Tonne	Pskoff russe (Vallet)	Riga Sous-Tonne	OBSERVATIONS
Numéros des parcelles	1	2	3	5	M. Thomas
Rendements à l'hectare en lin en graines	4625	4500	4865	4375	n'ayant pas fourni
Rendements à l'hectare en lin battu...	3700	3400	3900	3350	le prix des 100 kil.
Valeur marchande des 100 k. de lin battu	18 fr.	17 fr.	17 fr.	12 fr.	en lin battu ; nous
Rendements à l'hectare en graine......	925	1100	965	1025	avons appliqué aux
Valeur marchande des 100 k. de graine.	30 fr.	30 fr.	30 fr.	30 fr.	quatre variétés les
Poids de l'hectolitre de graine........	71 kil.	71 kil.	71 kil.	71 kil.	moyennes géné-
Hauteur moyenne des tiges...........	1,02	0.94	1.04	0.94	rales des prix des
Résistance à la verse................	bonne	bonne	bonne	bonne	autres champs.
Précocité..........................	moyenn	précoce	moyenn	précoce	
Couleur de la paille à la maturation....	bonne	bonne	bonne	bonne	
Qualité de la paille	passabl.	bonne	médioc.	bonne	
Qualité de la graine	bonne	bonne	bonne	bonne	

(Résultats certifiés par MM. Dartevelle et Colait).

Produits brut en argent à l'hectare :

		Pskoff Vilmorin	Riga-Tonne	Pskoff russe (Vallet)	Riga Sous-Tonne
Produit brut.....	En lin battu......	666.0	578.0	663.0	402.0
	En graine	277.5	330.0	289.5	307.5
	Total........	943.5	908.0	952.5	709.5
Différence sur le témoin		+ 35.5		+ 44.5	— 198.5

Appréciation des résultats. — Les Pskoff ont fourni un lin très long. Le Pskoff russe surtout. Mais on a pu constater que, contrairement à ce qui a toujours lieu, la tige était grosse, et le pied cassant. Cette anomalie provient de ce que les lins étaient beaucoup trop clairs. M. Thomas, dans le tableau des rendements, ne donne à la qualité de la paille que les notes *passable* et *médiocre* pour ces deux variétés. C'est donc peut-être avec tort que nous avons appliqué les prix moyens généraux aux différentes variétés.

M. E. TREHOU, à Rosult.

Lin de Pskoff Vilmorin.. 10 ares.
Lin de Pskoff russe (Vallet) .... 10 ares.
Lin de sous tonne de Riga .... 8 ares.

Nature du sol. — Argileux.

Fumure. — En 1891, cette pièce était en jachère fumée au moyen de 1300 kil. de phosphate minéral à l'hectare.

Semailles. — 4 avril.

Levée. — Pskoff ordinaire 11 avril.

Pskoff Vilmorin 14 avril.

Sous tonne de Riga 20 avril.

Elle a été bonne pour toutes les variétés.

Végétation. — Le Pskoff Vilmorin, mais surtout la sous tonne, ont le plus souffert de la sécheresse. Le Pskoff russe a constamment été plus fort.

Récolte. — 5 juillet.

Tableau des rendements :

	Riga sous tonne	Pskoff Vilmorin	Pskoff russe (Vallet)
Numéros des parcelles.................	1	2	3
Rendements à l'hectare en lin en graines.....	4400	6400	8200
Rendements à l'hectare en lin battu........	3000	5400	7000
Valeur marchande des 100 kil. de lin battu..	6 fr. 25	8 fr. 75	13 fr. 75
Rendements à l'hectare de lin en graine.....	329	434	525
Valeur marchande des 100 kil. de graine.....	30 fr.	30 fr.	30 fr.
Poids de l'hectolitre de graine............	70 k.	70 k.	70 k.
Hauteur moyenne des tiges.................	0.70	0.80	1.00
Résistance à la verse.....................	passable	bonne	très bonne
Précocité...............................	tardive	moyenne	précoce
Couleur de la paille à la maturation.......	passable	bonne	bonne
Qualité de la paille.....................	passable	bonne	bonne
Qualité de la graine.....................	bonne	bonne	bonne

Résultats certifiés par MM. E. Daveine et Bara.

7

Produits bruts en argent à l'hectare.

		Riga sous tonne	Pskoff Vil- morin	Pskoff russe (Vallet)
Produit brut... {	en lin battu..........	187.5	472.5	962.0
	en graine............	98.7	130.2	157.5
	Total......	286.2	602.7	1119.5
Différences sur le témoin.................			+ 312.5	+ 833.3

Appréciation des résultats. — Les chiffres donnés ci-dessus se passent de tout commentaire. Le Pskoff russe a été supérieur aux deux autres, à tous les points de vue, même comme produit en graine, et il donne un excédent de produit brut énorme, qui ne peut s'expliquer que par la grande faiblesse du Riga, qui a dû énormément souffrir de la sécheresse.

M. VANDENABEELE, à Staple.

Lin de Pskoff Vilmorin................................. 10 ares.
Lin de Pskoff russe (Vallet)......................... 10 ares.
Lin de Riga (tonne)................................. 10 ares

Nature du sol. — Argileux.

Semailles. — 1er avril.

Levée. — Pskoff russe 10 avril ; Pskoff Vilmorin et Riga le 12 avril.

La levée a été très bonne pour toutes les variétés.

Végétation. — Malgré la sécheresse la végétation a été assez régulière ; les différentes variétés ne présentaient que très peu de différence. Les pluies survenues quoique tardivement ont fait énormément de bien.

Récolte. — 11 juillet.

Tableau des rendements :

	Pskoff russe (Vallet)	Pskoff Vilmorin	Riga-Tonne
Numéros des parcelles	1	2	3
Rendements à l'hectare en lin en graines	6300	6900	7500
Rendements à l'hectare en lin battu	5600	6200	6750
Valeur marchande des 100 kil. de lin battu	12 fr.	12 fr. 50	13 fr.
Rendements à l'hectare en lin roui	5450	6070	6610
Rendements à l'hectare en lin teillé	1362	1517	1652
Valeur marchande des 100 kil. de lin teillé	110 fr.	110 fr.	110 fr.
Rendements à l'hectare en graine	500	550	600
Valeur marchande des 100 kil. de graine	26 fr. 50	26 fr. 50	26 fr. 50
Poids de l'hectolitre de graine	75 k.	75 k.	75 k.
Hauteur moyenne des tiges	0.80	0.90	0.95
Résistance à la verse	bonne	bonne	bonne
Précocité	précoce	moyenne	moyenne
Couleur de la paille à la maturation	bonne	bonne	bonne
Qualité de la paille	bonne	bonne	bonne
Qualité de la graine	passable	bonne	bonne

(Résultats certifiés par M. Caloos.

Produits bruts en argent à l'hectare :

		Pskoff russe (Vallet)	Pskoff Vilmorin	Riga-Tonne
Produit brut...	en lin battu	672.0	755.0	877.5
	en graine	132.5	145.7	159.0
	Total	804.5	900.7	1036.5
Différence sur le témoin		—232.0	—135.8	»

Appréciation des résultats. — Les deux Pskoff donnent des résultats inférieurs au Riga. C'est une des très rares exceptions que nous avons pu constater dans nos nombreux essais.

M. VANSUYPEENE, à Volkerinckhove

Nous avions établi chez M. Vansuypeene, trois carrés de 10 ares chacun, où nous mettions en comparaison les deux lins de Pskoff avec de la Tonne de Riga.

La levée s'était effectuée dans de bonnes conditions, mais la sécheresse a été si grande, que M. Vansuypeene s'est décidé à retourner sa récolte.

M. VERMEESCH, à St-Pierrebroucq

Lin de Pskoff Vilmorin... 25 ares
Lin de Pskoff russe (Vallet)....................................... 25 ares
Lin de Pskoff Vilmorin Sous Tonne (Vermeesch).................. 25 ares
Lin de Riga Sous Tonne.. 25 ares

Nature du sol. — Argileux.

Cultures précédentes. — 1890 Blé avec tourteaux.
1891 Trèfle.

Fumure. — 1100 kg Tourteaux-Colza.
150 kg Sulfate de Potasse.
200 kg Sulfate d'Ammoniaque.
200 Nitrate de soude.

Semailles. — 1er Avril.

Levée. — Du 10 au 15 avril.
Elle a été assez bonne pour toutes les variétés.

Végétation. — Toutes les variétés ont beaucoup souffert de la sécheresse, mais les deux Pskoff de tonne ont constamment tenu la tête.

Récolte. — 10 Juillet.

Tableau des rendements :

	Riga Sous tonne	Pskoff Sous tonne (Vermeesch)	Pskoff Vilmorin	Pskoff russe (Vallet)
Numéros des parcelles...............	1	2	3	4
Rendements à l'hectare en lin en graines...	7200	7400	7800	7592
Hauteur moyenne des tiges...........	0.82	1.03	1.12	0.90
Résistance à la verse................	bonne	bonne	bonne	bonne
Précocité...........................	moyenne	moyenne	moyenne	moyenne
Couleur de la paille à la maturation...	passable	très bonne	très bonne	très bonne
Qualité de la paille................	passable	très bonne	très bonne	très bonne
Qualité de la graine................	passable	très bonne	très bonne	très bonne

(Résultats certifiés par MM. Blondé, Benoît, Debeyre).

Appréciation des résultats. — M. Vermeesch a vendu son lin brut en graine ; le Pskoff Vilmorin l'emporte et le Riga est inférieur. Si le tableau ci-dessus ne donne pas de chiffres, il renferme des appréciations mettant néanmoins en relief la supériorité des trois Pskoff quant à la qualité de la paille.

M. Henri VERMERSCH, à Hondschoote,

Pskoff Vilmorin arrière Sous-Tonne...................... 33 ares.
Riga-Tonne .... 33 ares.

Nature du sol. — Argilo-siliceux.

Fumure. — Superphosphates et purin.

Semailles. — 21 mars.

Levée. — 5 avril.

Récolte. — 15 juillet.

Tableau des rendements :

VARIÉTÉS	Pskoff arrière sous-tonne	Riga-Tonne
Numéros des parcelles	1	2
Rendements à l'hectare en lin en graines	6600	4500
Rendements à l'hectare en lin battu	4500	3000
Valeur marchande des 100 kil. de lin battu	25 fr.	24 fr.
Rendements à l'hectare en lin roui	4200	2760
Rendements à l'hectare en lin teillé	960	600
Valeur marchande des 100 kil. de lin teillé	150	135
Rendements à l'hectare en graine	500	500
Valeur marchande des 100 kil. de graine	35 fr.	35 fr.
Poids de l'hectolitre de graine	70 kil.	70 kil.
Hauteur moyenne des tiges	0.80	0.60
Résistance à la verse	bonne	bonne
Précocité	moyenne	moyenne
Couleur de la paille à la maturation	bonne	bonne
Qualité de la paille	bonne	bonne
Qualité de la graine	bonne	bonne

(Résultats certifiés par MM. H. Vermersch, Debril et Lebleu.)

Produits bruts en argent à l'hectare.

		Pskoff Vilmorin arrière sous-tonne.	Riga-Tonne.
Produit brut	En Lin battu	1125	630
	En Graine	175	175
	TOTAL	1300	805
Différence sur le témoin		+ 495	

Appréciation des résultats. — La sécheresse a empêché le Riga de se développer normalement, et le Pskoff a certainement moins souffert. Ce dernier l'emporte en rendement en lin battu, en qualité, et en produit brut à l'hectare. Il donne un excédent de produit brut de près de 500 fr. sur le Riga.

Il s'agit de Pskoff semé pour la 3ᵉ fois.

M. F. WINTREBERT à Gravelines.

Lin de Pskoff Vilmorin	50 ares
Lin de Pskoff russe Vallet	50 ares
Lin Riga sous tonne	50 ares

Nature du sol. — Siliceo-argileux.

Fumure. — Superphosphates et nitrate de soude.

Semailles. — 2 avril.

Levée. — 15 et 16 avril. Elle a été très bonne.

Végétation. — Le Riga sous tonne a le plus souffert de la sécheresse. Les Pskoff ont constamment tenu l'avance.

Récolte. — 10 juillet.

Tableau des rendements.

	Pskoff Vilmorin	Pskoff russe (Vallet)	Riga sous tonne.
Numéros des parcelles	1	2	3
Rendements à l'hectare en lin en graines	7100	6900	6600
Valeur marchande des 100 kil. de lin en graines	18 fr.	18 fr.	15 fr.

(Résultats certifiés par MM. Roger et Lour).

Produits bruts en argent à l'hectare :

Pskoff Vilmorin . . . . 1278 fr.

Pskoff russe Vallet . . . . 1242 »

Riga sous tonne . . . . 990 »

Différences sur le témoin : Pskoff Vilmorin . . + 288 francs.

Pskoff russe Vallet . + 252 »

Appréciation des résultats. — Il est regrettable que M. Wintrebert ait vendu son lin brut en graines, et n'ait pu nous transmettre d'autres chiffres qui auraient servi à nous éclairer plus complètement sur la supériorité des deux variétés de Pskoff.

DISCUSSION GÉNÉRALE
DES RÉSULTATS DES EXPÉRIENCES DE 1892 SUR LES LINS.

Nous allons essayer de dégager de tout l'ensemble de renseignements et de résultats, que nous venons d'exposer en détail, les ensei-
gnements qui peuvent résulter de tous les chiffres accumulés dans
ce rapport.

Nos essais, avons-nous dit, étaient principalement installés dans
le but de rechercher : 1° Le mode de fumure le plus avantageux
dans les conditions générales du département du Nord, et 2° les
variétés les plus productives et les mieux appropriées à notre climat
et à nos conditions de culture. Nous allons nous occuper de nos
résultats au point de vue du mode de fumure ; nous aborderons
ensuite la même discussion en ce qui concerne les variétés.

Discussion générale des résultats au point de vue du mode de fumure.

Place du lin dans l'assolement. — Le lin, qui était cultivé plus
ou moins en grand dans toute l'étendue du département du Nord,
s'y rencontre encore dans tous nos arrondissements, mais la super-
ficie qui lui est consacrée dans chacu. d'eux, bien diminuée partout, est excessivement variable suivant les régions.

Le lin se cultive encore dans toute la partie Nord-Ouest du département qui forme les arrondissements de Dunkerque et d'Hazebrouck, dans la plus grande partie de l'arrondissement de Lille,
dans la partie Nord des arrondissements de Douai et de Valenciennes.
Il est presque disparu dans le Sud de ces derniers arrondissements,
ainsi que dans celui de Cambrai, et n'existe plus que pour mémoire
dans l'arrondissement d'Avesnes, sur la rive gauche de la Sambre,
dans les cantons de Bavai et de Maubeuge.

Un principe général sert de guide à tous les cultivateurs de lin sans exception : c'est de ne mettre le lin que sur vieil engrais. Le lin reçoit quelquefois une fumure directe, mise alors avant l'hiver, mais ce cas est tellement rare qu'il est inutile d'en parler.

Le lin vient donc généralement après une céréale qui suit une plante sarclée, fumée, ou un trèfle, ou bien après un trèfle qui suit une céréale fumée. On le voit quelquefois après plante sarclée, mais on ne le rencontre jamais à la place d'une plante sarclée, c'est-à-dire sur fumure directe de printemps.

Il en résulte que dans la presque totalité des cas, comme on peut le voir dans la première partie de ce rapport, le lin suit une céréale déchaumée de suite après la récolte. Ce déchaumage est suivi lui-même par des hersages, et enfin par un labour d'hiver. Au printemps quelquefois on donne un labour léger, mais généralement on se contente de passer une ou plusieurs fois l'extirpateur. Dans les deux cas, ce labour ou ces façons à l'extirpateur sont suivis de hersages qui, avec le rouleau, achèvent d'ameublir la terre.

Les fumures témoin. — Quoiqu'obéissant presque tous, avec beaucoup de raison, au principe que nous avons énoncé plus haut, les modes de fumure sont très variables. Ils varient d'abord, à cause de la plante précédente, qui, avons nous dit est presque toujours une céréale. Si cette céréale a été fumée, la fumure pour lin sera moins forte ; si elle ne l'a pas été, ou si elle n'a reçu que des engrais chimiques, les doses seront plus élevées. Les principales différences résident donc dans l'emploi des engrais appliqués en hiver et au printemps pour le lin, qui ne sont que des fumures complémentaires avec des engrais organiques facilement décomposables et des engrais chimiques. La nature de ces fumures généralement très actives, a une grande influence sur l'avenir de la récolte.

Dans les arrondissements de Dunkerque et d'Hazebrouck, mais principalement dans celui de Dunkerque, on a une tendance à se contenter de superphosphates, qui font beaucoup d'effet dans cette région, et de nitrate.

D'autres préfèrent le purin et les supersphosphates.

D'autres enfin, dans l'arrondissement d'Hazebrouck, emploient déjà depuis quelque temps des engrais composés pour lin, soit la formule de M. Vallet-Roger, soit celle de M. Georges Ville, soit enfin celle de M. Bompain-Vandercolme, qu'ils peuvent se procurer chez les négociants du pays. Ces formules qui sont bien composées, donnent généralement de bons résultats, surtout au point de vue de la maturation. Lorsqu'elles sont expérimentées comme fumure témoin, vis-à-vis de nos fumures d'essai, les différences de rendements ne sont pas bien grandes, ni dans un sens ni dans un autre, et à cela, il n'y a rien d'étonnant, puisque la composition des deux fumures se rapproche beaucoup. Le principal inconvénient que je suis obligé de leur reconnaître, c'est qu'elles sont invariables dans leur teneur en éléments utiles, tandis que nos fumures d'essai, au contraire, varient suivant les cas, et s'adaptent par conséquent mieux, et souvent plus économiquement aux conditions les plus diverses.

Dans l'arrondissement de Lille, on emploie généralement les tourteaux comme base de fumure. Ils sont quelquefois employés seuls, a des doses d'au moins 1000 kil. à l'hectare; souvent on ajoute du purin, et quelquefois les tourteaux sont délayés dans le purin. D'autres emploient le sulfate d'ammoniaque, ou le nitrate de soude. Rarement dans ces cas on fait usage de sels de potasse.

Ces méthodes ne sont pas propres à l'arrondissement de Lille, elles sont employées dans le reste du département, avec des variantes plus ou moins importantes suivant les régions, mais ce qui les distingue presque toujours, c'est la présence de tourteaux, qui forme le corps de la fumure, et l'absence de sels de potasse.

Ce que nous venons de dire au sujet de ces fumures, doit être pris à un point de vue absolument général; on peut, en parcourant la première partie de ce rapport, se rendre compte des cas particuliers.

La dépense totale en engrais oscille le plus souvent entre 120 et 190 fr. à l'hectare.

Les Fumures d'essai. — La plupart des modes de fumures dont nous venons de parler et qui sont presque uniquement composées d'engrais organiques à décomposition plus ou moins lente, sont évidemment presqu'exclusivement azotées, s'il s'agit de tourteaux et de purin. Les éléments potasse et acide phosphorique manquent complètement. Ces fumures donnent généralement beaucoup de poids car les engrais organiques qui les composent livrent peu à peu leur azote à la plante pendant toute la période de végétation. Le lin prend et conserve alors souvent une couleur verte, trop foncée, et qui est toujours de mauvais augure pour la maturation.

Les fumures au superphosphate et nitrate, au contraire, reçoivent du nitrate un coup de fouet vigoureux, mais son action rapide est fugace. Si la terre n'est pas très riche en matières organiques et si la saison est sèche, la végétation peut languir et les lins avoir une bonne maturation mais manquer de taille.

Les fumures aux engrais chimiques, avec les formules dont nous avons parlé plus haut, donnent généralement de meilleurs résultats puisqu'elles contiennent tous les éléments nécessaires à la végétation. Mais elles peuvent ne pas toujours être économiques, car elles apportent à la terre des éléments utiles dont le sol peut être suffisamment pourvu. Dans les terrains riches en matières organiques, elles réussissent généralement bien, mais dans les terres pauvres en en humus, et dans les années sèches, elles ne donnent que peu de poids, mais toujours une bonne maturation.

Les fumures aux tourteaux, avec ou sans purin, ont donc l'avantage de fournir à la récolte de l'azote qui est livré peu à peu à la végétation, mais, dans ce cas, les lins peuvent avoir une mauvaise maturation.

Les fumures aux engrais chimiques, sont plus actives et donnent une bonne maturation; en combinant les deux modes, on peut avoir les avantages des deux systèmes et ne pas en subir les inconvénients.

Conserver une partie des tourteaux, soit généralement la moitié ou le tiers de la dose, et remplacer cette moitié ou ces deux tiers par des engrais potassiques, phosphatés, azotés et quelquefois calcaires, c'est le principe qui, après bien des tâtonnements, nous sert de guide pour l'établissement de nos fumures d'essai.

Pour l'application de ce principe, notre point de départ est la dépense occasionnée par la fumure témoin. Nous cherchons à ne jamais la dépasser, et nous arrivons presque toujours, comme on a pu le voir dans la partie descriptive, à égaler les deux dépenses, afin de rendre les deux systèmes absolument comparables.

Les doses de tourteaux et d'engrais chimiques simples, font l'objet

de combinaisons diverses, qui varient suivant la nature du sol, celle
des fumures et des plantes précédentes.

Les tourteaux, les sels de potasse, les superphosphates et le plâtre
sont enfouis à la fin de l'hiver par labour léger, à l'extirpateur, ou
même, dans certain cas, à la herse. On ameublit alors la terre par
des hersages et roulages répétés, et l'on sème.

Les semailles terminées, on épand en couverture la moitié des
doses de sulfate d'ammoniaque et de nitrate.

La seconde moitié de ces engrais est semée de la même façon à la
levée. L'expérience nous a en effet prouvé qu'épandus de cette façon,
ces engrais à action rapide ont le maximum d'effet au point de vue de
la rapidité et de la durée.

Comparaison des fumures au point de vue du rendement en lin
battu. — Si nous prenons, dans tous nos essais de fumures, les
résultats de ceux de nos collaborateurs qui nous ont fourni les
résultats complets, en éliminant ceux qui ont vendu sur pied, nous
nous trouvons en présence de 19 essais comparables.

Sur ces 19 essais, 13 ont fourni des excédents positifs de rendement en lin battu, en faveur de la fumure d'essai ; les rendements
des deux fumures ont été égaux dans trois d'entre eux et enfin la
fumure témoin l'emporte dans les trois derniers.

Dans ces 19 champs, la moyenne des rendements a été de 4264 k.
de lin battu à l'hectare, pour la fumure témoin, et de 4475 kil. pour
la fumure d'essai. Soit un excédent moyen de 211 kil. en faveur de
cette dernière.

Comparaison des fumures au point de vue du rendement en
graine. — Le rendement en graine a été supérieur pour la fumure
d'essai dans 10 champs ; égal dans 6 et supérieur pour la fumure
témoin dans 3.

Le rendement moyen général en graine a été de
    616 pour la fumure témoin,
    et 642 pour la fumure d'essai,
soit un excédent moyen de 26 kil. en faveur de la fumure d'essai.

Comparaison des fumures au point de vue du rendement en lin
teillé. — Chacun sait que le travail de la matière textile du lin
pendant l'hiver à la ferme, qui était une méthode très répandue

autrefois, ne se retrouve plus que dans nos deux arrondissements de Dunkerque et d'Hazebrouck, et encore, beaucoup de cultivateurs vendent directement leurs lins aux marchands, soit sur pied et en graine, soit à l'état de lin battu

Il en résulte que parmi nos 19 cultivateurs qui ont établi des essais de fumures, nous n'en comptons que 6 qui aient travaillé leurs lins eux-mêmes et qui ont pu nous fournir leurs rendements.

Les chiffres que nous pouvons donner ne peuvent donc, par suite du peu de renseignements que nous possédons, n'avoir qu'une importance très relative.

100 kil. de lin battu ont fourni, en moyenne, 22 kil. 17 de lin teillé pour la fumure témoin et le rendement pour les fumures d'essai a été de 22.21. Il n'y a donc qu'une différence insignifiante. Nous verrons cet écart s'accentuer quand il s'agira des variétés.

Comparaison des fumures au point de vue du produit brut en argent à l'hectare. — Pour le cultivateur, le point essentiel est le produit argent qu'il peut retirer d'une culture. On sait combien le produit net d'une culture est difficile à établir; car pour l'obtenir, il faut faire entrer en ligne de compte de nombreux éléments dont il faut souvent apprécier la valeur. En appréciant, on peut s'illusionner et faire des calculs erronés.

Heureusement, rien ne nous oblige à recourir à de semblables procédés, et à présenter des *prix de revient*, puisque nous avons soin de ne donner à nos essais qu'un caractère essentiellement *comparatif*.

Nous comparons ici simplement deux modes de fumure, sur la même terre, sur les mêmes plantes, avec les mêmes soins de part et d'autre. Un seul élément diffère, c'est le système de fumure; pour mieux comparer, ces deux fumures coûtent la même somme d'argent à l'hectare, et dans les cas où la dépense n'est pas exactement la même, on a pu voir que nous ajoutons ou que nous retranchons du produit brut de la fumure d'essai ce que cette fumure a pu coûter en plus ou en moins. C'est ce que nous appelons *le produit brut définitif*.

Donc les *produits bruts* sont bien suffisants pour nous éclairer sur ce que nous voulons savoir, c'est-à-dire pour nous permettre de comparer les deux modes de fumure, comme nous comparerons plus loin les variétés.

Comme pour les autres rendements, 19 expériences peuvent nous donner nos moyennes.

La fumure d'essai a été supérieure en produit brut définitif en argent à l'hectare, dans 15 cas. L'écart moyen est de 85 fr. 40.

La fumure témoin a été supérieure dans 4 cas seulement, et l'écart moyen était de 28 fr. 40.

Le produit brut définitif moyen est de 921 fr. 40 pour la fumure témoin, ej de 976 fr. pour la fumure d'essai, soit une différence de 54 fr. 60 à l'hectare.

Cette différence n'est certes pas très élevée, mais elle est très appréciable et même précieuse pour une saison aussi sèche que l'Été 1892.

Discussion des résultats au point de vue des variétés.

Si la culture du lin est aujourd'hui bien délaissée dans notre département, après avoir été l'une des plus productives en des temps meilleurs, mais déjà lointains, on peut attribuer cette défaveur actuelle à des causes diverses que nous ne voulons point entreprendre de discuter, ni même de citer.

Si le lin ne se cultive plus, ce n'est pas parce qu'il rend moins qu'autrefois, mais parce que les bas prix des produits qu'il donne ne rendent plus son exploitation rémunératrice.

Il serait peut-être vrai de dire que l'on a pu dans certaines terres, abuser des lins ; et, s'il faut en croire les personnes bien placées pour le savoir, la graine d'aujourd'hui ne serait plus celle d'autrefois ; la provenance serait moins certaine, et la qualité moins bonne. Autrefois, on semait chez nous des *Couronne*, des *Puick* et des *Extra-Puick* qui étaient appréciées et vendues selon leurs mérites, mais qui donnaient de bons résultats ; actuellement toutes les graines de tonne qui nous arrivent de Russie sont toutes *Extra-Puick*, et donnent de moins bons produits, qui se vendent à des prix moins rémunérateurs.

D'ailleurs, d'après des renseignements qui émanent d'un professeur de l'école polytechnique de Riga, et qui nous ont été transmis par

M. Schribaux, directeur de la station d'essai de semences de l'institut national agronomique, les graines de lin vendues actuellement sous le nom de lin de Riga, n'appartiennent pas à un type unique. Autrefois le port de Riga n'envoyait que des graines provenant des provinces qui bordent la mer Baltique, et qui produisent des lins estimés. C'est de là que vient la vieille réputation des lins de Riga. Mais depuis, les voies de communication se sont développées en Russie, et les lins des provinces de l'intérieur peuvent facilement y arriver. Les lins des Steppes sont petits, trapus, branchus, leur filasse est grossière ; les produits qu'on en obtient sont de mauvaise qualité, mais ces lins fournissent beaucoup de semences. Ces graines arrivant à Riga, sont souvent mélangées à celles du pays, et il n'y a rien d'étonnant, que la graine d'aujourd'hui soit souvent inférieure à celle d'autrefois.

Dans ces conditions, il est certain qu'un des meilleurs moyens de venir en aide à la culture, était de rechercher des variétés pures, donnant du rendement en poids en même temps que de la qualité. Depuis 1887 nous avons expérimenté de nombreuses variétés comparativement aux lins de Riga du commerce, et comme on le sait, les *lins de Pskoff améliorés russe de M. Vilmorin* ont constamment donné des résultats supérieurs, à ces deux points de vue. Aussi, lorsque de la période de recherches nous sommes passé à celle de vulgarisation, nous n'avons pas hésité à mettre cette variété en comparaison avec les lins de Riga. Nous l'avons décrite plusieurs fois en 1889-90, et nous avons reproduit ce que nous en disions en 1890-91, au début du présent rapport, nous ne croyons pas devoir y revenir.

Au lin de Riga, de Tonne ou des sous Tonne que nous avons toujours pris pour témoin, et au Pskoff amélioré russe de M. Vilmorin, nous avons ajouté pour la première fois cette année un Pskoff d'origine directe, provenant d'une des meilleures maisons de graines de Russie, et qui nous a été fourni par M. Vallet-Roger de Lille.

Comparaison des variétés de Pskoff au Riga.

Comparaison au point de vue de la hauteur des tiges. — L'un des caractères essentiels des lins de Pskoff, est d'acquérir, par une végétation rapide et constante, une taille élevée. Les Pskoff ont donc présenté une supériorité de taille, dans tous nos essais. Nous n'avons que deux exceptions à signaler sous ce rapport.

Comparaison au point de vue du rendement en lin battu :

Riga-Tonne. — Le lin de Riga de Tonne a été mis en comparaison comme témoin dans 31 champs. Il a donné des rendements en lin battu supérieurs dans 5 cas, des rendements égaux à la variété d'essai dans un cas, et des rendements inférieurs dans 25 cas. Son rendement moyen en lin battu est de 4129 kil.

Riga Sous-Tonne. — Le Riga Sous-Tonne a servi de témoin dans 10 champs. Il a chaque fois été inférieur en lin battu à la variété d'essai, son rendement moyen est de 3672 kil.

Pskoff Vilmorin. — Le Pskoff Vilmorin était en comparaison comme variété d'essai dans 41 champs. Il a été supérieur en lin battu 35 fois, égal au témoin 1 fois, et inférieur dans 5 cas. Son rendement moyen est de 4625 kil. à l'hectare, soit près de 500 kil. en plus que le lin de tonne de Riga, et 953 kil. de plus que le Riga sous tonné.

Pskoff Vilmorin Sous-Tonne. — Cette variété a été expérimentée dans 10 champs.

Comparée au témoin elle a été 7 fois supérieure, et 3 fois inférieure en lin battu.

Comparé au Pskoff de tonne, elle été constamment inférieure. Son rendement moyen est de 4108 kil.

Nous tenons à rappeler ici que l'on ne peut juger le Pskoff Vilmorin Sous-Tonne d'après les essais de 1892, car la graine employée avait été récoltée en 1891; on se souvient combien la maturation du Pskoff avait été mauvaise; la graine était vide, légère et ne pouvait donner que des résultats très incertains; c'est ce qui est arrivé.

Il nous faut donc attendre pour juger de la faculté de non dégénérescence du Pskoff Vilmorin, les résultats de 1893.

Pskoff russe (Vallet). — Le Pskoff russe a été expérimenté dans 25
champs. Dans 21 d'entre eux il a été supérieur au témoin, et n'a été
inférieur que dans 4 cas. Son produit moyen a été de 4549 kil. de
lin battu à l'hectare, c'est-à-dire 420 kil. de plus que le lin de tonne
de Riga.

Comparaison des variétés au point de vue de la valeur du lin
battu. — Nous apprécions plus loin la valeur du lin battu fourni par
les différentes variétés au point de vue des rendements en lin teillé.
Il ne s'agit ici que des prix d'estimation, (soit des marchands, dans le
cas d'expertise et d'achat, ou des commissions de pesée) des 100 kil.
de lin battu.

Le lin de Tonne de Riga a été estimé en moyenne   17^{fr}05
Le lin de Sous-Tonne de Riga   —   11 30
Le lin de Pskoff Vilmorin   —   17 80
Le lin de Pskoff Vilmorin-Sous-Tonne   —   16 80
Le lin de Pskoff russe   —   16 70

Comparaison des variétés au point de vue du rendement en
graine. — Voici les rendements moyens des différentes variétés :

Riga Tonne . . . .   700 kil. à l'hectare
Riga Sous-Tonne.   669   —
Pskoff Vilmorin.   574   —
Pskoff Vilmorin Sous-Tonne .   529   —
Pskoff russe (Vallet). . . .   618   —

Les deux lins de Riga l'emportent ici sur les trois Pskoff. Ce résultat n'a rien qui puisse nous étonner, car depuis que nous expérimentons les lins de Pskoff, nous avons toujours reconnu leur infériorité au point de vue de la production de la graine.

Nous ne croyons pas devoir prendre les moyennes des prix de la
graine ; les chiffres n'offriraient aucun intérêt sérieux, car les uns, et
c'est le plus grand nombre, ont attribué aux graines des différentes
variétés le prix de la graine de lin à vendre au moulin à huile, et les
autres ont donné à la graine de Pskoff (qui alors n'est plus que Sous-
Tonne) un prix élevé, en rapport avec la rareté du produit.

8

Comparaison des variétés au point de vue du rendement du lin battu en lin teillé. — Nous devons répéter ce que nous avons dit plus haut au sujet de la comparaison de ces mêmes rendements pour les fumures, c'est-à-dire que très peu de cultivateurs, si ce n'est une partie de ceux des arrondissements de Dunkerque et d'Hazebrouck travaillent leur lin eux-mêmes, par conséquent ce n'est qu'exceptionnellement qu'ils ont pu nous fournir les rendements en lin teillé.

Nous aurions pu donner les rendements que M. Faucheur, président du comité linier, a bien voulu nous fournir, mais beaucoup de nos collaborateurs, concurrents au concours linier, n'ont pas envoyé au comité un échantillon de chacune de leurs parcelles, c'est la principale raison qui nous a fait laisser de côté cette source précieuse de renseignements.

Ainsi qu'on peut s'en rendre compte dans la partie descriptive de ce rapport, 15 de nos collaborateurs ont travaillé leurs lins, et nous ont communiqué les chiffres relatifs au rendement en lin roui et teillé.

Voici les renseignements moyens de 100 kil. de lin battu en lin teillé, pour les différentes variétés :

Riga Tonne. . . . . 21 fr. 45 %
Riga Sous-Tonne. 14   90
Pskoff Vilmorin 22   77
Pskoff Sous-Tonne (Vilmorin) 19   53
Pskoff russe (Vallet). 20   42

On peut voir que ces chiffres correspondent assez bien à ceux cités plus haut pour le prix des 100 kilog. de lin battu, quant au Pskoff Vilmorin d'abord ou Riga-Tonne ensuite, et enfin au Riga Sous-Tonne qui arrive dernier dans les deux cas.

Ces rendements font passer en 3e ligne le Pskoff russe, qui n'était qu'en 4e pour la valeur des 100 kil. de lin battu.

Comparaison des variétés au point de vue de la résistance à la verse. — L'année 1892 est bien peu convenable pour examiner une question de cette nature. L'été a été si sec qu'aucune variété témoin ni d'essai n'a pu verser.

Il faut néanmoins constater, surtout si nous tenons compte (et il faut le faire) des expériences de 1891, qui ont été faites dans des conditions météorologiques absolument opposées, que les lins de Pskoff (surtout de Vilmorin, que nous expérimentions seul à cette époque), sont plus sujets à la verse, par leur nature même que les lins de Riga.

Comparaison des variétés au point de vue de la précocité. — Si nous prenons le mot *précocité* dans le sens de « *rapidité de levée* » les Pskoff, et surtout le Vilmorin l'emportent encore sous ce rapport. Ainsi, le Pskoff Vilmorin, qui a été expérimenté dans 41 champs dont nous avons les résultats complets, a eu une levée plus hâtive sur le témoin de 2 jours en moyenne dans 31 cas, et la levée s'est effectuée le même jour dans 10 champs.

Si au contraire nous appelons précocité *l'aptitude* à arriver tôt à maturité, nous trouvons les Pskoff la plupart du temps plus tardifs. Les lins de Riga défleurissent déjà généralement quand les Pskoff commencent leur floraison.

Est-ce un avantage ou un inconvénient pour un lin de mûrir huit jours plus tôt ou plus tard, nous ne saurions le dire, et, si ce n'était l'avantage d'avoir son lin arraché et à l'abri de la verse et des intempéries, huit jours plus tôt, nous dirions que la question est d'une importance secondaire.

Comparaison des variétés au point de vue du produit brut en argent à l'hectare :

Riga-Tonne. — Cette variété a été employée dans 31 champs. Son produit moyen en argent à l'hectare a été de 888 fr. 40.

Le Riga Sous-Tonne a été semé dans 10 champs. Son produit brut moyen à l'hectare s'élève à 605 fr. 60.

Le Pskoff-Vilmorin que nous trouvons dans 41 champs, donne une différence positive en produit brut en argent à l'hectare, de 206 fr. 80, ce qui est fort beau. Sa différence n'est négative que dans quatre cas, dont la moyenne est de 89 fr. 30.
Son produit brut moyen en argent à l'hectare est de 962 fr. 10.

La Sous-Tonne de Pskoff Vilmorin est expérimentée dans 10 champs. Il y a différence positive dans huit cas, dont la moyenne est de

187 fr. 70 ; elle est négative dans deux cas, et sa moyenne est de 198 fr. 70.

Le produit brut moyen en argent à l'hectare est de 850 fr. 90.

Le Pskoff russe (Vallet) nous donne des résultats dans 25 champs. Dans vingt-et-un cas il donne une différence positive sur le témoin ; la moyenne de cette différence est de 301 fr. 90. Dans quatre cas, cette différence est négative, et sa moyenne est de 157 fr. 88.

Son produit brut moyen est de 945 fr. 10 à l'hectare. Il arrive donc immédiatement en seconde ligne, après le Pskoff-Vilmorin.

Comparaison des deux variétés de Pskoff

Il nous reste à comparer entre elles les deux variétés de Pskoff. Cette comparaison a pu s'établir dans 25 champs, où elles ont été semées côte à côte.

En lin battu, le Pskoff russe, comparé au Pskoff Vilmorin, a été 12 fois supérieur, 12 fois inférieur, et une fois égal.

La moyenne des rendements du Pskoff Vilmorin est de 4559 kil., celle du Pskoff russe est de 4549 kil. à l'hectare.

Au point de vue du *rendement en graine,* le Pskoff russe est supérieur au Vilmorin dans 15 champs, le rendement est le même dans 5, et il est inférieur dans 5.

La moyenne des rendements du Pskoff Vilmorin dans ces 25 champs est de 575 kil. 97, tandis que celle du Pskoff russe est de 618 kil.

Le prix des 100 kil. de lin battu du Pskoff russe est supérieur à celui du Vilmorin dans 7 champs, égal dans 13, et inférieur dans 5.

La moyenne des prix est de 15 fr. 92 aux 100 kil. pour le Pskoff Vilmorin, et de 16 fr. 76 pour le Pskoff russe. C'est ce qui explique, ainsi que les rendements en graine, la supériorité du Pskoff russe quant *aux produits bruts à l'hectare.* Sous ce rapport, le Pskoff russe est supérieur dans 13 champs, égal dans 1, et inférieur au Pskoff Vilmorin dans 11.

La moyenne des produits bruts pour le Pskoff Vilmorin est de 896 fr. 34, tandis que celle du Pskoff russe s'élève à 945 fr. 06.

On remarquera que les moyennes que nous venons de citer, ne concordent pas, pour le Pskoff Vilmorin avec celles données dans les comparaisons de cette variété avec les témoins (Riga) ; celles-ci avaient été prises dans la *totalité* des champs où le lin était en comparaison avec le Riga, tandis que les moyennes que nous venons de citer sont prises seulement dans les champs où les deux Pskoff étaient en présence, ce qui explique les différences.

CONCLUSIONS

De l'ensemble de nos essais on peut tirer les conclusions suivantes :

Fumures. — Les fumures complémentaires pour lin avec tourteaux, sels potassiques, phosphatés et azotés, conviennent particulièrement aux conditions du département du Nord ; comparées aux fumures complémentaires ordinaires du pays, elles ont fourni en 1892 :

1° Un plus fort rendement en lin battu ;

2°   Id.   Id.   en graine ;

3°   Id.   Id.   en lin teillé ;

4° Un produit brut en argent plus élevé à l'hectare.

Variétés. — Les variétés de Pskoff comparées au Riga, donnent :

1° Une plus grande hauteur de tiges ;

2° Un plus grand rendement en lin battu ;

3° Une plus grande valeur aux 100 k. de lin battu ;

4° Un plus fort rendement en lin teillé ;

5° Une plus grande précocité pour la levée ; mais une moins grande pour la maturation ;

6° Un plus grand produit brut en argent à l'hectare.

Par contre, les lins de Pskoff ont :

1° Un moins fort rendement en graine ;

2° Une moins grande résistance à la verse.

Les deux variétés de Pskoff comparées entre elles fournissent les résultats suivants :

1° Le lin de Pskoff russe donne un rendement moyen un peu plus faible en lin battu ;

2° Un rendement plus élevé en graine ;

3° Un prix plus élevé aux 100 k. de lin battu ;

4° Un produit brut moyen en argent à l'hectare supérieur de 48 fr. 72 à l'hectare.

Le lin de Pskoff russe semble donc en 1892, plus avantageux que le lin de Pskoff Vilmorin. Les différences ne sont évidemment pas grandes, et les deux variétés ont présenté des caractères absolument analogues. Seulement, le Pskoff Vilmorin, depuis six ans que nous le faisons cultiver et que nous l'étudions avec soin, a toujours présenté des caractères exactement semblables, nous ne connaissons pas son origine, mais on peut être convaincu que la source où le prend M. Vilmorin, est bien unique. Nous ne pourrions en dire autant du Pskoff russe, que nous expérimentons pour la première fois. Il nous faut attendre si en 1893 et dans les années suivantes les résultats qu'il donnera, comme Tonne et comme Sous-Tonne.

Le Pskoff Vilmorin est d'un prix tellement élevé, que sa valeur pour nous ne dépend que de son aptitude à non dégénérer si nous continuons à la constater. Il nous faut nous rendre compte si le Pskoff russe aura aussi cette aptitude, mais il a un avantage qu'on ne peut actuellement lui contester, c'est que son prix est moitié moins élevé que celui du Pskoff Vilmorin.

Il est certain que l'année 1892 a été très favorable aux lins de Pskoff, parce que la saison a été sèche, et que ces lins ne craignent que la verse. Nos expériences précédentes nous permettent d'espérer que ces variétés continueront à être avantageuses en année *moyenne*. Quant aux années pluvieuses, nous savons qu'elles sont désastreuses pour les variétés à haute et fine tige. Nous connaissons de nombreux

cultivateurs qui, devant les résultats de 1892, ne veulent plus enten-
dre parler du Riga. Le Pskoff, suivant eux, est tellement supérieur
qu'ils ont l'intention de ne plus faire usage que de cette variété.
Nous avons essayé autant que nous l'avons pu, dans nos réunions
agricoles, de réagir contre cet engouement, le Pskoff a des qualités,
nous le croyons supérieur, mais il faut s'attendre à des déceptions
dans les années défavorables.

Cette variété possède encore un avantage sur lequel nous tenons
à insister en terminant : elle possède une aptitude à la croissance
rapide que n'ont pas les Riga. Il n'y a donc pas lieu, si l'on veut être
prudent, de la pousser par les engrais. En tenant compte de ce que
lorsque l'on applique les engrais on est aussi exposé à avoir une
année pluvieuse qu'une année sèche, il est préférable quand on fait
usage du Pskoff de limiter les doses d'engrais, et surtout celles d'engrais azotés. On s'exposera ainsi beaucoup moins aux inconvénients
de la verse, et on réalisera une économie utile, sur une culture dont
les avantages sont actuellement surtout, si aléatoires.

POMME DE TERRE

Nous n'avons pas l'intention de revenir sur ce que nous avons écrit dans notre rapport de 1890-91 et de 1889-90, sur l'importance que peut prendre chez nous la culture de la pomme de terre.

Cette plante peut vivre à côté de la betterave, faire partie du même assolement, et convient à la plupart des terres de notre département.

Beaucoup de nos principaux cultivateurs semblent avoir confiance en elle, et il est possible que d'ici quelques années beaucoup de distilleries de bettcraves travailleront de la pomme de terre.

D'autre part, deux féculeries se sont établies en 1892, et il est permis de penser, que malgré la baisse du prix des fécules, d'autres usines se créeront ultérieurement.

A côté de l'emploi industriel des tubercules, nous pouvons nous créer un débouché pour la plupart des variétés à grand rendement sur la place de Londres qui est alimentée actuellement par l'Allemagne, qui, le jour où le Nord voudra sincèrement s'emparer de ce marché, sera supplantée.

Pour ces raisons, la pomme de terre peut être appelée à un certain avenir chez nous, mais il y a beaucoup à faire pour vulgariser les variétés à grand rendement qui sont, pour la plupart, rejetées par la consommation locale des campagnes, des villes du département et de la région. L'habitude de la consommation de tubercules à chair jaune est en effet très difficile à déraciner, et il ne faut pas songer, quant à présent du moins, à faire accepter les pommes de terre à chair blanche ou demi-blanche autrement que par l'Industrie ou l'exportation; mais nous venons de voir que de ce côté il y a des espérances très sérieuses, qu'il y a lieu de travailler à réaliser.

Au point de vue de l'essai et de la vulgarisation des variétés de pommes de terre industrielles, il y a des inconvénients réels qui rendent les expériences difficiles et coûteuses et la vulgarisation lente. C'est d'abord la rareté de certaines variétés nouvelles, dont le prix est généralement excessif, et comme les tubercules sont très gros, la plantation d'une surface suffisante pour les juger devient très onéreuse. En outre, les essais ne réussissent pas toujours la

1re année, ou plutôt, les variétés importées ne fournissent généralement pas la première année le rendement que l'on pourrait en attendre ; j'attribue ce fait à ce que je suis obligé de faire adresser directement les plantes, du producteur ou du marchand, au destinataire. Ces envois se font en sacs et par petite vitesse ; la durée du trajet est souvent fort longue, et les tubercules arrivent quelquefois gelés, mais toujours avariés. Il en résulte des *manques* qui diminuent considérablement les rendements. Ainsi, je remarque que chez chacun de mes collaborateurs, les résultats donnés par l'Imperator que j'ai introduite en 1890 deviennent beaucoup plus élevés, et surtout réguliers, à mesure que l'on s'éloigne de l'époque d'introduction.

C'est pour les mêmes raisons, que j'espère en 1893, obtenir les meilleurs résultats que ceux qui vont suivre, avec un certain nombre de variétés que j'ai fait venir l'an dernier de Lorraine d'Allemagne et de Belgique. (Simson, Athenè, Aspasie, Bruce, Chancelier, Géante bleue, Meilleure et Bellevue, etc.)

La pomme de terre, dans un milieu favorable, quand le plant est bien choisi, ne doit d'ailleurs que s'améliorer en s'acclimatant. Ainsi, M. Aimé Girard, à qui l'on doit de très importants travaux sur la pomme de terre, qui ont largement contribué à la vulgarisation des bonnes méthodes et des variétés à grand rendement, a fait une étude sur la prétendue dégénérescence des plants. Il a reconnu que pendant 8 ans au moins, quatre variétés convenablement soignées ne dégénéraient pas, et que le rendement était en rapport seulement avec les soins qu'on leur donnait, et les conditions météorologiques de l'année.

Variétés. — Voici les descriptions sommaires des principales variétés expérimentées en 1892 :

Richters Imperator. — Tubercules gros, de forme variable, ronde ou allongée, yeux peu abondants et assez profonds. Couleur de la peau blanc jaunâtre, couleur de la chair, blanc.

Les fanes sont abondantes, grosses, d'un vert légèrement jaunâtre, de 60 à 70 centim. de hauteur. Les feuilles sont de même couleur, plates, et d'une largeur de 5 centimètres.

Végétation très active, résiste assez bien à la maladie, mais est attaquée fréquemment par la *gangrène des tiges*.

Cette variété m'a été fournie par M. Desprez en 1892.

Géante bleue. — Tubercules très gros, de forme allongée ; peau bleu-violet, lisse ; yeux très nombreux et peu profonds. Chair blanche.

Les fanes sont très abondantes, de couleur vert foncé violacé, et d'une hauteur de 60 à 70 centimètres. Les feuilles sont vert foncé, d'aspect légèrement boursoufflé.

Végétation très active, résiste complètement à la maladie. — Très tardive.

Cette variété a été fournie en 1892 par le comice agricole de Bourbourg.

Paulsen's Simson. — Tubercules petits, ronds, de couleur jaune-gris à peau rugueuse, chair ferme, yeux peu nombreux et peu profonds.

Fanes abondantes, assez légères, de couleur vert jaunâtre, de 0,50 de hauteur ; feuilles petites, vert jaune, boursoufflées.

Végétation active ; résiste bien à la maladie.

Cette variété a été fournie par M. Gesse, de Cologne.

Athéné. — Tubercules ronds, allongés, de couleur blanc-jaunâtre, peau lisse, chair dure, yeux peu abondants et peu profonds.

Fanes vert-jaunâtre de 50 à 60 de hauteur.

Feuilles de même couleur légèrement boursoufflées ;

Végétation vigoureuse ; résistante à la maladie.

Fournie par M. Gesse, de Cologne.

Aspasie. — Tubercules ronds-allongés, de couleur rosée, peau lisse, chair tendre, yeux abondants et assez profonds ;

Fanes assez abondantes, de couleur vert foncé ;

Feuilles vert-jaunâtre ;

Végétation vigoureuse et tardive.

Cette variété provenait de M. Gathoye, à Fléron (Belgique).

Magnum Bonum. — Tubercules assez gros, allongés, de couleur jaunâtre, yeux peu profonds, chair blanc-jaunâtre.

Fanes de 50 à 60 centimètres, de couleur vert-jaunâtre ; feuilles de même couleur.

Végétation vigoureuse. Résiste bien à la maladie.

Cette variété, demi-comestible, a été fournie par M. Desprez.

Bruce. — Variété originaire d'Ecosse, provenant de la Magnum bonum, dont elle a la plupart des caractères. Elle a été fournie par M. Gesse, de Cologne.

Chancelier. — Tubercules ronds et petits, de couleur rouge; peau très rugueuse, chair blanche, dure, yeux assez abondants et peu profonds.

Fanes vert foncé assez abondantes. Feuilles petites, légèrement boursoufflées, de couleur vert foncé.

Végétation assez vigoureuse.

Elle provient de M. Paul Genay, de Bellevue.

Meilleure de Bellevue. — Variété créée par M. Grenay. Les tubercules sont ronds, rouges, à peau rugueuse, chair dure et jaune, yeux abondants et assez profonds.

Fanes rougeâtres, abondantes; feuilles légèrement boursoufflées, de couleur vert foncé.

Végétation vigoureuse, résistante à la maladie, comestible.

Cette variété a été fournie par M. Genay.

Institut de Beauvais. — Tubercules très gros, de forme ronde généralement, de couleur blanc jaunâtre, peau lisse, chair tendre, yeux nombreux et profonds.

Fanes vert-jaune, abondantes; feuilles plates de même couleur.

Végétation très vigoureuse, rendements élevés.

Cette variété a été fournie par M. Desprez.

M. E. ANDRÉ, à Hautmont.

Contenance	Imperator	6 ares.
	Magnum bonum	6 ares.
	Témoin	28 ares.

Nature du sol. — Argilo-calcaire en bon état.

Plante précédente. — Betteraves fumées à 60,000 kil. de fumier et défécations.

Fumure. — Fumier et engrais chimique.

Plantation. — 27 avril et 2 mai. — La plantation a été faite en laissant 0,60 entre les lignes et 0,42 dans les lignes. Aucune variété n'a été coupée.

Levée. — La levée s'est effectuée régulièrement à la fin de mai. La Magnum bonum a eu une levée plus hâtive. L'Imperator, la plus tardive.

Végétation. — L'Imperator prit vivement la tête, et la conserva pendant toute la végétation.

Arrachage. — L'arrachage eut lieu le 15 octobre pour l'Imperator, le 18 pour la Magnum bonum et le 19 pour le témoin. Les tubercules fournis par les trois variétés étaient sains et ne présentaient aucune trace de maladie.

Rendements à l'hectare. — Imperator. . . . . . 40,870 kil. à l'h^{re}.
Magnum bonum 38,000 —
Témoin. . . . . 32,000 —

Poids moyen des tubercules. — Imperator. . . . . 0 kil. 350.
Magnum bonum 0 kil. 180.

Richesse en fécule anhydre. — Imperator. . . . . 20.20.
Magnum bonum 17.0.

M. A. BELLE, à Bourbourg.

Contenance totale. . . . . 34 ares 40.
Contenance des parcelles. . . . . 4 ares 30.

Nature du sol. — Siliceo-argileux en très bon état.

Plantes précédentes. — En 1890, blé sans engrais.
En 1891, betteraves avec superphosphates et nitrate.

Fumure. — 1,000 kil. superphosphates et purin.

Plantation. — Le 2 mai, les imperator a 0ᵐ70 sur 0ᵐ50, les autres variétés 50 sur 50. — Aucune variété n'a été coupée.

Levée. — Le 1ᵉʳ juin pour la Meilleure de Bellevue.

Le 2 juin, pour la Rouge de Campine.

Le 3 juin, pour le Chancelier.

Le 4 juin, pour la Belle Fille, Bruce, Magnum bonum.

Le 5 juin, pour l'Imperator.

Le 6 juin, pour la Géante bleue.

Elle a été : régulière, pour la Meilleure de Bellevue, la Belle Fille et la Magnum bonum.

moyenne, pour la Géante bleue, et Chancelier.

moins bonne, pour Imperator, Rouge de Campine.

Végétation. — La sécheresse n'a fait de mal à aucune variété.

A la mi-juin, l'Imperator, la Meilleure, la Magnum et le Chancelier tenaient la tête.

La Belle Fille et la Géante bleue venaient ensuite.

La Rouge de Campine arrivait en dernier.

Arrachage. — L'arrachage a eu lieu le 6 octobre pour toutes les variétés, mais la Géante bleue était encore verte.

Aucune variété n'était atteinte par la maladie.

Rendements à l'hectare.	
Imperator	38.110 k.
Géante bleue	34.160
Magnum bonum	31.768
Bruce	29.600
Chancelier	26.784
Rouge de Campine	25.762
Belle Fille	25.056
Meilleure de Bellevue	23.400

M. CALOONE, à Pitgan

Contenance totale...................... 43 ares 06

Longue rouge (témoin).............	5 a. 19	Imperator	4 a. 85
9 semaines	5 19	Bruce	4 20
Oudenaerde...................	5 19	Athenè	3 58
Simson	5 19	Meilleure.....................	2 58
Chancelier...................	4 53	Aspasie.......................	2 58

La variété *Oudenaerde* est introduite depuis quelques années dans l'arrondissement de Dunkerque, où elle est très appréciée à cause de son grand rendement. Le tubercule en gros, demi long, de couleur blanc jaunâtre à chair tendre de même couleur. Les fanes et les feuilles sont vertes et les tiges longues. Elle peut être considérée comme demi-comestible pour le pays.

Nature du sol. — Siliceo-calcaro-humifère, en bon état de culture.

Plantes précédentes. — En 1890 : Blé avec superphosphate et nitrate.

En 1891 : Avoine avec nitrate.

Fumure. — Fumier de ferme avant l'hiver ; superphosphate (300 k.) et nitrate (200 k.) au printemps.

Plantation. — 30 avril, à 0^m60 sur 0^m40, pour toutes les variétés, sauf l'Imperator, dont les distances étaient de 0^m60 sur 0^m60. Tous les tubercules ont été plantés entiers.

Levée. — 25 mai, pour toutes les variétés, sauf Aspasie, dont la levée a été irrégulière et plus tardive de 5 à 6 jours.

Imperator, Chancelier et Meilleure, ont eu la levée la plus régulière.

Végétation. — Vers la mi-juin, la végétation était très active chez toutes les variétés, mais surtout chez l'Imperator.

Arrachage. — L'arrachage eut lieu du 15 au 19 octobre. Malgré les pluies très fortes qui eurent lieu au commencement de ce mois, on ne constata pas de tubercules gâtés, sauf dans les 9 semaines, dont la récolte avait été antérieure.

Rendements à l'hectare. — Imperator . . . . 46.390 kil.
Athenè 40.477
Bruce 37.761
Oudenaerde 36.994
Meilleure de Bellevue . 35.590
Chancelier 32.769
Aspasie 29.457
Simson 29.286
9 semaines 28.670
Longue rouge (témoin) 27.726

	Poids moyen des tubercules analysés	Fécule Anhydre %
Imperator	0 k. 200	20.30
Athenè	0.150	20.10
Bruce	0.170	17.70
Oudenaerde	0.290	17.60
Meilleure	0.170	20.20
Chancelier	0.490	24.20
Aspasie	0.150	19.90
Simson	0.070	21.80
9 semaines (échantillon desséché)	0.160	23.70
Longue rouge	0.170	15.30

Des essais de bouillie cuivrique contre la maladie avaient été faits sur la moitié de chaque parcelle. Les parties traitées sont restées vertes plus longtemps; mais la maladie n'a fait son apparition nulle part.

———————

M. HUART, à *Cerfontaine*
en collaboration avec M. COLART, instituteur

Nous transcrivons ici le rapport de M. Colart :

But des essais. — 1° Comparer les rendements de quatre variétés de pommes de terre :

Imperator (1 et 2) ;
Magnum bonum (3 et 4) ;
Aspasie (5 et 6) ;
Simson (7 et 8).

2° Comparer les résultats obtenus par l'emploi de différentes fumures sur une même variété ;

Fumure d'essai (8, 4, 6, 3) ;
Fumure témoin (1, 3, 5, 7) ;

3° Etudier la résistance des variétés à la maladie.

Sol. — Terrain de nature argileuse d'assez forte consistance et par conséquent peu favorable à la culture de la pomme de terre, condition devant rendre l'expérience plus probante et plus concluante en cas de réussite.

Assolement. — En 1890, betteraves à sucre sur 40,000 kil. de fumier de ferme, 200 kilos de nitrate de soude et 400 kil. de superphosphates de chaux à l'hectare.

En 1891, avoine sans engrais, succédant à un blé d'automne détruit par l'hiver.

Engrais. — Les demi-parcelles 2, 4, 6, 8 ont reçu ensemble 1.200 kil. de fumier de ferme très décomposé (30,000 kil. à l'hectare), 12 kil. de superphosphates de chaux (300 kil. à l'hectare), 12 kil. de sulfate de potasse (300 kil. à l'hectare) et 6 kil. de sulfate d'ammoniaque (150 kil. à l'hectare), ce qui représente une dépense d'environ 373 fr. 50 par hectare.

Les demi-parcelles 1, 3, 5, 7, ont reçu ensemble 4,800 kil. de boues de ville, soit 120,000 kil. à l'hectare, ce qui, à 2 fr. 50 les 1000 kil., tous frais compris, porte la dépense à 300 fr. à l'hectare.

Les superphosphates et le sulfate de potasse ont été semés le 5 avril, le fumier a été conduit et épandu le 8 avril et les boues de ville le 26 avril, le tout avant le labour.

Le sulfate d'ammoniaque a été employé en couverture, moitié aussitôt après la plantation (28 avril) et moitié à la levée (28 mai).

Labour et façons. — Le sol a été labouré le 27 avril. Il a été hersé à plusieurs reprises le lendemain, par un temps sec, de façon à rendre la terre parfaitement meuble.

Plantation. — Trois variétés (Richter's Imperator, Magnum bonum et Aspasie), ont été plantées le 28 avril. La quatrième variété

9

(Paulsens Simson) a été plantée le 6 mai, l'envoi ne nous étant parvenu qu'à cette date.

Les plants ont été placés dans des sillons tracés au binot et à une profondeur de 10 à 12 centimètres. La plantation a été faite dans les conditions indiquées au tableau ci-après :

NUMÉROS des parcelles.	VARIÉTÉS de POMMES DE TERRE	DISTANCES entre les lignes.	DISTANCE dans les lignes.	POIDS MOYEN de chaque plant	Nombre de plants à l'hectare.	Poids des plants à l'hectare.
1.2	Richter's Imperator	70 cent.res	60 cent.res	87 gr.	22.500	1.950 kil.
3.4	Magnum bonum	70 cent.res	60 cent.res	41 gr.	22.500	926 kil.
5.6	Aspasie	70 cent.res	60 cent.res	67 gr.	22.500	1.500 kil.
7.8	Paulsens Simson	70 cent.res	60 cent.res	46 gr.	22.500	1.035 kil.

Observations sur les tubercules reçus et employés comme plants :

Les tubercules de Richter's Imperator étaient gros, quelques-uns même très gros. Sur 40 kil., il y avait 460 plants, juste ce qu'il nous fallait pour nos deux ares (9 lignes de 50 pieds), de sorte que ces pommes de terre ont été plantées entières.

Les tubercules de Magnum bonum étaient, au contraire, fort petits, trop petits même. Pour 30 kil. nous en avons compté 730, soit 280 de trop pour notre plantation en employant les pommes de terre entières.

Les tubercules d'Aspasie étaient de grosseur au-dessus de la moyenne. Nous n'avons reçu que 250 tubercules pour 30 kil. Nous avons donc dû couper avec excès pour planter nos deux ares. Certaines de ces pommes de terre ont donné trois et même quatre plants.

Les tubercules de Paulsens Simson étaient plutôt petits que gros. Ici encore nous avons eu trop de plants; les 30 kil. reçus de Cologne étant représentés par 650 tubercules, ce qui nous a permis de planter sans couper.

Levée. — La levée s'est faite aux dates et de la façon suivantes :

Richter's Imperator. du 24 au 26 mai, régulière.
Magnum bonum . du 31 mai au 3 juin, irrégulière.
Aspasie . du 25 au 27 mai, assez régulière.
Paulsens Simson . . . du 31 mai au 4 juin, régulière.

Binages et buttage. — Un premier binage à la main a été effectué le 4 juin sur toutes les parcelles.

Un second binage, à la houe à cheval, a été donné le 21 juin. Le buttage a suivi aussitôt après.

Végétation. — La végétation a été généralement bonne. Elle a surtout été très active chez la Richter's Imperator et la Paulsens Simson. La Magnum bonum paraissait moins vigoureuse et on pouvait constater des vides assez nombreux dans les parcelles portant cette variété.

L'influence des engrais s'est fait remarquer tardivement. Cependant vers la fin juin, les demi-parcelles 2, 4, 6, 8, ayant reçu du fumier, avaient des tiges plus hautes qui formaient des touffes plus fortes.

Floraison. — Les quatre variétés ont fleuri à peu près à la même époque, de la fin de juillet au commencement d'août. La floraison a langui un peu à cause de la sécheresse.

Maturité. — La maturité était complète et générale à la fin de septembre.

Arrachage. — La récolte de toutes les parcelles a eu lieu le 19 octobre, un peu tardivement à cause d'un temps pluvieux.

Maladie. — Il n'y a pas eu la moindre apparence de maladie dans nos carrés et nous n'avons trouvé aucun tubercule gâté au moment de l'arrachage.

Rendement. — Nous avons obtenu les rendements suivants dont nous certifions la rigoureuse exactitude.

N° des parcelles	VARIÉTÉS ET GENRES DE FUMURES	Rendements obtenus par parcelle d'un are	Rendements obtenus par hectare	Différence en faveur de la culture sur fumure complète	Grosseur moyenne des tubercules
		kil.	kil.	kil.	
1	Richter's Imperator, sur boues de ville	278	27.800		gros
2	— s' fumier et engrais chimiques	375	37.500	+ 9.700	très gros
3	Magnum bonum, sur boues de ville	257	25.700		moyens
4	— sur fumier et engrais chimiques	317	31.700	+ 6.000	gros
5	Aspasie, sur boues de ville	198.5	19.850		moyens
6	— sur fumier et engrais chimiques	290.5	29.050	+ 9.200	gros
7	Paulsens Simson, sur boues de ville	274.5	27.450		très petits
8	— sur fumier et engrais chimiques	356.5	35.650	+ 8.200	petits

Conclusions. — 1. Si nous comparons les rendements de nos quatre variétés de pommes de terre cultivées sur fumure complète, nous obtenons le classement suivant :

1. — Richter's Imperator. 37,500 kil. à l'hectare.
2. — Paulsens Simson . . . 35,650 —
3. — Magnum Bonum . . . 31,700 —
4. — Aspasie . . . . . . 29,050 —

L'avantage est donc du côté de la Richter's Imperator qui a donné un nombre ordinaire de très gros tubercules.

Vient aussitôt après, la Paulsens Simson dont les tubercules sont petits, mais très nombreux (20 à 25 à chaque pied).

La Magnum bonum arrive au troisième rang; elle aurait certainement donné un rendement plus élevé avec l'emploi de plants plus gros.

Quant à l'Aspasie, elle se trouvait en infériorité notoire vis-à-vis de ses concurrentes, l'insuffisance de plants nous ayant obligé à couper certains tubercules en trois et même quatre fragments, ce qui a nui incontestablement au rendement.

2. — En ce qui concerne l'emploi de diverses fumures, la supériorité de l'engrais complet (fumier et engrais chimiques) sur les boues de ville, est parfaitement démontrée. Nous avons obtenu en plus à l'hectare une moyenne de 8000 kil. de tubercules, d'une valeur approximative de 320 francs, différence énorme si on la compare à la différence de la dépense faite en engrais (73 fr. 50).

Nous croyons toutefois que l'emploi des boues de ville dans les sillons aurait donné un meilleur résultat que celui obtenu par l'épandage de cet engrais avant le labour.

3. — Il nous reste à examiner le troisième point de notre programme, résistance à la maladie. Ici, nos quatre variétés sont sur le pied de parfaite égalité. Nous n'avons trouvé aucun tubercule avarié lors de l'arrachage, ce qui prouve que ces espèces résistent parfaitement à la maladie et peuvent être adoptées sans hésitation par la grande culture. Il est vrai que la température sèche de cette année n'est sans doute pas étrangère à ce résultat qui a été constaté un peu partout. Cependant, une variété cultivée par notre collaborateur a

côté de nos carrés, dans le même sol et avec les mêmes soins de culture, la Jaune des Vosges, a été atteinte par la pourriture, et plus d'un quart de la récolte a été perdu.

Les quatre variétés ont été analysées ; voici les résultats obtenus :

	Poids moyen des tubercules analysés	Fécule anhydre %
Imperator	0 k. 400	24 »
Magnum bonum	0 280	19 20
Aspasie	0 270	17 30
Simson	0 130	22 30

M. COUSYN, à Ochtezeele

Contenance totale.................. 35 ares

Chancelier	2 a. »	Athène		1 a. »
Imperator	2 75	Aspasie		1 40
Simson	3 »	Témoin		25 »

Nature du sol. — Argilo-silicieux, en bon état.

Plantes précédentes. — En 1890 : féverolles avec fumier.
En 1891 : blé avec fumier.

Fumure. — Le champ a reçu du fumier dans toutes ses parties.
Les parcelles occupées par Imperator et Chancelier, ont reçu un supplément de poulaitte. Celui occupé par Aspasie et Athène, de l'engrais Georges Ville ; enfin celui où furent plantées Simson et le témoin, des superphosphates.

Il en résulte que les variétés, n'ayant pas reçu les mêmes engrais, ne sont comparables que deux à deux. *Les chiffres qui suivent ne sont donc transcrits que pour mémoire.*

Rendements à l'hectare. — Imperator 29.000 kil.
Aspasie 29.000
Chancelier 30.000
Témoin 28.000
Simson 20.000
Athène 35.000

	Poids moyen des tubercules analysés	Fécule Anhydre %
Athene	0 k. 150	19 70
Aspasie	0 180	17 50
Chancelier	0 110	25 »
Imperator	0 360	19 90

M. DEMAY, à Carnin

Contenance totale.................. 12 ares 5

Chancelier	2 a. »	Athene	1 a. »
Imperator	3 »	Aspasie	1 50
Simson	3 »	Lesquin	2 »

Nature du sol. — Siliceo-argileux en bon état.

Plantes précédentes. — En 1890 : betteraves, avec fumier, nitrate et purin.
En 1891 : blé sans engrais.

Fumure. — Chaux, fumier, purin et nitrate.

Plantation. — 23 avril, pour Lesquin, Imperator et Chancelier.
30 avril, pour Simson, Athene et Aspasie.
Chancelier et Athene ont été coupées en partie ;
Pour Imperator et Lesquin les plus grosses seulement ;
Simson et Aspasie ont été plantées entières. Toutes les variétés ont été plantées à 0m60 sur 0m6.

Levée. — Lesquin, 12 mai ; Imperator, Chancelier, Athene, 18 mai ; Simson, 20 mai ; Aspasie, 21 mai.
Elle a été régulière pour toutes les variétés.

Végétation. — La végétation a été excellente dans la totalité du champ. Imperator et Chancelier dès le mois de juin, semblaient l'emporter sur les autres. La Simson, quoique moins forte était cependant bien fournie. La sécheresse n'a pas ralenti sérieusement la végétation.

Arrachage. — L'arrachage a eu lieu, pour toutes les variétés, le 27 octobre, et la maladie n'a fait son apparition chez aucune d'elles.

Rendements à l'hectare. —
Imperator	36.245 kil.
Lesquin (témoin)	32.850
Athene	31.000
Chancelier	30.220
Simson	26.275
Aspasie	25.680

Imperator et surtout Athene étaient à peine mûres à l'époque de l'arrachage.

Simson et Aspasie ont donné des tubercules très nombreux, mais très petits.

M. DEMEY, à Loon-Plage

Contenance totale . . . . 20 ares
Contenance des parcelles . . . . 2 , 50

Nature du sol. — Siliceux.

Plantes précédentes. — En 1890, pois avec superphosphates. En 1891, blé avec tourteaux et nitrate.

Fumure. — Guano de poisson, dans la moitié de chaque parcelle. Dans l'autre moitié on avait mis des tourteaux de ricin, superphosphates, chlorure de potassium et sulfate d'ammoniaque. M. Demey pense que le dernier mélange est infiniment supérieur à la parcelle témoin, mais il a omis de peser séparément les produits résultant de ces engrais, l'expérience est donc réduite à un essai de variétés.

Plantation. — Le 4 mai, toutes les variétés ont été coupées en deux morceaux, sauf le Chancelier ;

Elles ont toutes été plantées à 0^{m}65 sur 0^{m}50, sauf l'Imperator 0^{m}65 sur 0^{m}70.

Levée. — Bruce, Rouge de Campine, Meilleure de Bellevue, sont levées le 30 mai ; Belle Fille, le 1er juin ; Magnum bonum le 2 juin et Chancelier et Géante bleue, le 5 juin. Elle a été régulière pour toutes les variétés sauf pour Chancelier, où l'on a pu remarquer de nombreux manques.

Végétation. — La végétation a été bonne pour toutes les variétés, mais elle était surtout excellente pour la Richter's Imperator; Bruce, Meilleure et Bellevue, Rouge de Campine la suivaient de près, Chancelier, Géante bleue, et Magnum bonum étaient les plus faibles en juin.

Arrachage. — L'arrachage a été effectué les 11, 12 et 13 octobre. Aucun tubercule n'était gâté.

Rendements à l'hectare. — Imperator . . . . 36.480 k.

Magnum bonum . .	35.520
Chancelier . . .	34.080
Géante bleue . . .	31.200
Bruce	28.880
Belle fille . . .	27.840
Meilleure . . .	26.000
Rouge de Campine.	24.880

	Poids moyen des tubercules analysés.	Fécule anhydre °/₀
Bruce	0k.100	20.70
Chancelier	0.130	22.20
Magnum bonum	0.145	19.60
Imperator	0.250	19.80
Géante bleue	0.230	13.60
Belle fille	0.150	19.80
Rouge de Campine	0.110	20.80
Meilleure	0.110	23.20

M. F. DESPREZ, à Cappelle.

Contenance totale	12 ares 95
Chancelier	7 ares 56
Simson	5 ares 39

Nature du sol. — Argileux et en bon état.

Plante précédente. — Betterave avec 10,000 kil. de chaux en septembre 1890, sur labour de 0,35 au printemps ; en mars 1,800 kil. tourteaux de sésame et 350 kil. nitrate.

Plantation. — 28 avril, à raison de 0.70 sur 0.50.

Levée. — 1er juin. Elle a été régulière pour les deux variétés.

Arrachage. — 8 octobre pour le Chancelier et 14 octobre pour Simson.

Rendements à l'hectare.

	Tubercules sains.	Tubercules gâtés.
Chancelier	19.288	50 k.
Simson	21.336	55 k.

Des traitements à la bouillie cuivrique ont été tentés, mais la maladie n'a fait son apparition nulle part.

M. DUFLO, à Nieppe

Contenance totale.............. 10 ares 80
Contenance des parcelles........... 3 ares 60

Nature du sol. — Argilo-siliceux.

Plantes précédentes. — En 1890, haricots avec fumier et chaux après la récolte.
En 1891, avoine avec nitrate et superphosphate.

Fumure. — Avant de planter, sulfate d'ammoniaque, superphosphates et sulfate de potasse. Nitrate de soude avant de butter le 10 juin.

Plantation. — 20 avril pour le témoin ; 30 avril pour les deux autres variétés. Toutes les variétés ont été coupées en deux morceaux, qui ont été plantés à 0.60 sur 0.60.

Levée. — Régulière pour les trois variétés ; 12 mai pour le terrain, 20 mai pour l'Imperator, et 25 mai pour Simson.

Végétation. — La végétation a été normale, malgré la sécheresse. L'Imperator a toujours tenu la tête.

Arrachage — 7 octobre pour la variété du pays. 15 octobre pour les deux autres variétés.

Rendements à l'hectare.

	Tubercules sains.	Tubercules gâtés.
Imperator....................	37.500	2 k.
Pays........................	25.000	27 k.
Simson......................	23.600	0

	Poids moyen des tubercules analysés.	Fécule anhydre %
Imperator....................	0.540	20
Pays........................	0.210	22.4
Simson......................	0.150	22

Des arrosages à la bouillie cuivrique ont été faits les 21 et 28 juin et 28 juillet sans résultat, car la maladie ne s'est pas montrée dans les parcelles témoin.

M. DUPONT, à Thiant

Contenance totale.................... 40 ares
Contenance des parcelles............. 5 ares

Nature du sol. — Argilo-siliceux, en bon état.

Plantes précédentes. — En 1890. Betteraves avec engrais chimiques phosphatés et potassiques.
En 1891. Blé sans engrais.

Fumure. — 25,000 kil. de fumier et 1,000 kil d'engrais phosphaté et potassique.

Plantation. — 5 mai, à 0.60 sur 0.60 pour toutes les variétés. Aucune variété n'a été coupée.

Levée. — Régulière sur toutes les variétés, sauf pour Aspasie ; elle s'est effectuée le 19 mai pour la Meilleure, le 22 pour l'Imperator, la Lesquin et la Simson, enfin le 26 mai pour les autres variétés.

Végétation. — La végétation a été bonne, malgré la sécheresse, mais l'Imperator, la Meilleure, la Simson et Chancelier, semblaient plus fortes. Aspasie, Athenè, Bruce et Lesquin étaient les plus faibles.

Arrachage. — 15 octobre pour Chancelier, Meilleure, Imperator, Lesquin et Simson, et 10 novembre pour les autres.

Rendements à l'hectare :

	Tubercules sains	Tubercules gâtés
Imperator	33.000	0
Athenè	30.000	0
Aspasie	28.000	0
Simson	28.000	0
Meilleure	27.000	0
Lesquin (témoin)	26.000	100
Chancelier	26.000	0
Bruce	22.000	0

	Poids moyen des tubercules analysés	Fécule anhydre %
Imperator	0.220	19.70
Athenè	0.150	19.20
Aspasie	0.190	17.20
Simson	0.170	20.20
Meilleure	0.180	21.20
Lesquin (témoin)	0.145	22.60
Chancelier	0.105	26.30
Bruce	0.100	22.20

M. DUYTSCHE, à Bourbourg-Campagne.

Contenance totale................................. 20 ares.
Contenance des parcelles .... 2 ares 50.

Nature du sol. — Sablonneux, en bon état.

Plantes précédentes. — 1890. Blé avec tourteaux.
1891. Avoine avec engrais de poisson.

Fumure. — Tourteaux.

Plantation. — 0,60 sur 0,60 pour l'Imperator et 0,50 sur 0,40 pour les autres variétés. Tous les tubercules ont été coupés en 2 morceaux, sauf pour l'Imperator.

Levée. — Régulière pour toutes les variétés.

Arrachage. — 15 octobre.

Rendements à l'hectare. — Magnum bonum... 52.000 kil.
Géante bleue...... 44.000 »
Belle fille........ 43.200 »
Bruce............. 42.800 »
Meilleure......... 40.000 »
Chancelier........ 36.000 »
Imperator......... 32.800 »
Rouge de Campine 32.800 »

Il y a certainement erreur dans les résultats ci-dessus, qui sont très élevés, car M. Duystche se plaint de ce que la sécheresse a beaucoup nui au rendement, et que la fumure était insuffisante.

M. ESTYLE, à Condé.

Contenance totale............................. 90 ares.

Imperator.............. 39 ares. | Simson............. 3 ares.
Rouge farineuse........ 39 ares. | Athene............. 3 ares.
Chancelier............. 3 ares. | Aspasie............ 3 ares.

Nature du sol. — Siliceux, en état moyen de culture.

Plantes précédentes. — 1890 : Luzerne.
1891 : Avoine avec nitrate.

Fumure. — 40.000 kil. fumier et 200 kil. nitrate de potasse à la levée.

Plantation. — 2 et 3 mai, à 0,60 sur 0,55 ; toutes les variétés ont été coupées en 2 morceaux, sauf l'Imperator qui a été plantée entière.

Levée. — Assez régulière pour toutes les variétés. Elle s'est effectuée du 20 au 30 mai. Il est à remarquer que les deux variétés (Imperator et Farineuse) que possédait M. Estyle ont eu une levée plus précoce et plus régulière que les autres qui lui ont été expédiées à l'époque de la plantation.

Végétation. — L'Imperator et la Farineuse ont toujours eu une meilleure végétation que les autres variétés.

Arrachage. 20 au 25 octobre.

Rendements à l'hectare. — Imperator ...... 37.500 kil.
Farineuse rouge 37.000 »
Athenè .... 27.500 »
Aspasie .... 20.800 »
Chancelier ..... 18.300 »
Simson .... 16.600 »

	Poids moyen des tubercules analysés	Fécule anhydre %
Imperator	0.380	21.10
Farineuse rouge	0.180	14.30
Athenè	0.140	20.00
Aspasie	0.150	18.00
Chancelier	0.115	22.60
Simson	0.180	21.70

M. HIEN, à Château-l'Abbaye.

Contenance totale ...... 12 ares.

Chancelier	2 ares 50		Athenè	1 are 50
Imperator	2 ares 50		Aspasie	1 are 50
Simson	2 ares 50		Lesquin (témoin)	1 are 50

Nature du sol. — Sablonneux pauvre.

Plantes précédentes. — 1890 : Orge et pommes de terre avec fumure de ferme et phosphates fossiles.

1891 : Avoine remplaçant un blé détruit par la gelée, avec fumier.

Fumure. — Tourteaux de pavot blancs, superphosphates, chlorure de potassium et sulfate d'ammoniaque.

Plantation. — 30 avril au moyen de tubercules coupés en deux ou trois morceaux, sauf l'Imperator qui a été plantée entière. Toutes les variétés ont été plantées à 0,60 sur 0,50 ; l'Imperator à 0,60 sur 0.60.

Levée. — Du 27 mai au 4 juin. Elle a été irrégulière pour l'Imperator et le témoin et régulière pour les autres.

Végétation. — La sécheresse a retardé la végétation, mais Imperator et Simson ont constamment paru supérieures. Toutes les variétés ont été fortement éprouvées par les gelées, notamment celles des 13 et 14 juin.

Arrachage. — 20 octobre pour toutes les variétés. Athené n'était pas mûre.

Rendements à l'hectare. — Imperator . . . . . 20.000 kil.

Simson 12.400

Lesquin (témoin) 11.660

Athené. . . . 11.000

Chancelier . . . 9.200

Aspasie. 8.666

(Résultats certifiés par MM. Decobecq, Vivier, Pouret et Joores).

	Poids moyen des tubercules analysés	Fécule anhydre %
Imperator. .	0 k. 260	18 60
Simson . .	0 120	23 »
Lesquin (témoin) . .	0 140	21 50
Athené . .	0 110	19 50
Chancelier . .	0 090	22 10
Aspasie. .	0 115	20 70

M. A. LEBECQUE, à Téteghem.

M. A. LEBECQUE, à Téteghem.

Contenance totale .... 16 ares.
Contenance des parcelles..................... 2 ares.

Nature du sol. — Siliceo-argileux de consistance moyenne.

Plante précédente. — Blé avec fumier et nitrate.

Fumure. — 1.000 kilog. tourteaux, 700 kilog. superphospates, 150 kilog. nitrate.

Plantation. — 14 avril pour jaune longue et neuf semaines, et 5 mai pour les autres. Les distances étaient de 0,60 sur 0,60 pour toutes les variétés, sauf pour la longue jaune du pays (témoin) et la ronde dite neuf semaines, qui ont été plantées à 0,30 sur 0,30. Les tubercules ont été coupés pour toutes les variétés sauf pour la longue jaune du pays (témoin) et l'Imperator.

Levée. — Commencement de mai pour la jaune longue témoin et neuf semaines, fin mai pour les autres. Elle a été régulière pour Imperator, Athene, longue jaune témoin et neuf semaines, et moyenne pour les autres. La plantation tardive et la sécheresse sont les causes de l'irrégularité constatée.

Végétation. — Toutes les variétés sauf peut-être les deux variétés du pays, ont été fort retardées par la sécheresse.

Arrachage. — 26 août pour la longue jaune témoin et neuf semaines
27 septembre pour Athene.
26 octobre pour les autres variétés.

Rendements à l'hectare. — Imperator .... 37.150 kil.
Athene 36.250
Chancelier............. 34.500
Aspasie 30.900
Bruce................. 24.150
Simson 21.600
Rondes neuf semaines . 19.900
Longues jaunes (témoin) 18.500

	Poids moyen des tubercules analysés	Fécule anhydre %
Imperator	0 k. 200	20 10
Athenè	0 165	20 20
Chancelier	0 110	22 40
Aspasie	0 110	19 50
Bruce	0 410	16 30
Simson	0 085	21 50
Rondes neuf semaines	0 170	23 20 } Desséchées
Longues jaunes (témoin)	0 185	19 70 }

M. MASSART, à St-Pierrebrouck.

Nature du sol. — Argilo-siliceux en bon état.

Plantes précédentes. — En 1890 : betteraves avec superphosphate et nitrate.

En 1891 : blé avec superphosphate et nitrate.

Fumure. — Tourteaux Ricin 900 kil., superphosphates 500 kil., chlorure de potassium 200 kil., sulfate d'ammoniaque 100 kil., nitrate 100 kil.

Plantation. — 12 mai, à 0^m65 sur 0^m65 ; La Géante bleue et la Magnum bonum ont été coupées en partie. Les autres variétés ont été plantées entières.

Levée. — Régulière pour toutes les variétés. Elle s'est effectuée à la fin de mai et commencement de juin. Imperator, Chancelier et Rouge de Campine, ont eu une levée plus hâtive ; Belle fille au contraire a eu la levée la plus tardive.

Végétation. — Imperator, Meilleure, Magnum bonum et Rouge de Campine ont pris rapidement l'avance. Belle fille et Géante bleue étaient en retard au mois de juin, mais en juillet, elles étaient aussi fortes que les autres.

Arrachage. — 28 septembre pour Belle fille, Bruce, Meilleure et
Rouge de Campine.

4 octobre pour Chancelier et Magnum bonum.

7 et 8 octobre pour Imperator et Géante bleue.

Rendements à l'hectare. — Imperator . . . . 49.833 kil.

Géante bleue 46.600

Belle fille 42.840

Meilleure 41.120

Magnum bonum . . 41.120

Bruce 37.880

Chancelier 33.480

Rouge de Campine . . 33.880 fortement
attaqué par la maladie.

(Résultats certifiés par MM. Minne et Michel).

	Poids moyen des tubercules analysés.	Fécule anhydre %
Imperator	0 k. 300	20.00
Géante bleue	0 260	14.70
Belle fille	0 160	16.30
Meilleure	0 150	20.10
Magnum bonum	0 180	17.20
Bruce	0 170	18.10
Chancelier	0 160	21.50
Rouge de Campine	0 110	20.80

M. Massart a traité plusieurs fois les ⅔ de chaque variété par la
bouillie cuivrique. La maladie n'a fait son apparition que chez la
Rouge de Campine et n'a pas été entravée par le sulfatage.

Comme résultat de ces traitements il a constaté que les tiges sont
restées plus longtemps vertes.

M. PIQUE-RAVIART, à Lecelles

Nature du sol. — Argilo-calcaire.

Plantes précédentes. — En 1890 ; Trèfle incarnat.

En 1891 ; Blé fumé.

Fumure. — Fumier et 200 kil. nitrate à l'hectare.

Plantation. — Imperator 23 avril.
Chancelier et Lesquin (témoin) 26 avril.
Athéné, Aspasie, Bruce, Simson, 29 avril.
Distances, 0ᵐ60 sur 0ᵐ50.

Les plus gros tubercules des Imperator, Aspasie, Bruce et Lesquin ont été coupées en 2 ou 3 morceaux.

Levée. — 16 mai pour Imperator.
19 mai pour Lesquin et Chancelier.
22 mai pour Bruce et Simson.
30 mai pour Athéné et Aspasie.

La levée a été régulière pour toutes les variétés sauf pour Aspasie.

Végétation. — Imperator et Bruce étaient plus avancées en juin. Les feuilles de ces dernières ont été légèrement atteintes par la gelée.

D'une manière générale, toutes les variétés ont eu une belle végétation malgré la sécheresse.

Arrachage. — 15 octobre pour Lesquin et Imperator.
17 octobre pour Chancelier, Bruce et Simson.
18 octobre pour Athéné et Aspasie.

Rendements à l'hectare. — Imperator . . . . . . 39.520 kil.
Aspasie 29.184
Bruce 27.360
Athéné 27.300
Chancelier 25.840
Lesquin (témoin) . . 25.800
Simson 22.800

	Poids moyen des tubercules analysés	Fécule anhydre %
Imperator...............................	0 k. 220	20.20
Aspasie	0 230	18.60
Bruce	0 190	18.20
Athéné	0 220	24.10
Chancelier...............................	0 105	23.70
Lesquin (témoin)........................	0 220	21.20
Simson	0 080	24.20

M. A. POTIÉ, à Haubourdin

Contenance totale...................... 70 ares
Contenance des parcelles.............. 10 ares

Huit variétés avaient été mises en présence.

Plantées le 15 avril, les pommes de terre levèrent très tardivement par suite de la sécheresse, et très irrégulièrement. Une seule variété, l'Imperator fut normale, elle rendit 39,000 kil. à l'hectare.

Les autres, dit M. Potié n'ont fourni qu'un rendement tout à fait inférieur, variant entre 5,000 et 7,000 kil. par hectare.

Des échantillons ont néanmoins été envoyés à l'analyse ; en voici les résultats :

	Poids moyen des tubercules analysés	Fécule Anhydre %
Simson	0k. 100	22. »
Athene	0 165	20.50
Aspasie	0 080	17.70
Bruce	0 120	17.80
Chancelier	0 115	24.10
Meilleure	0 130	20.60
Junon	0 120	18.60
Rouge de Pontoise	0 250	13.90

M. STEVENOOT, à Armbouts-Cappel

M. Stevenoot avait installé un champ où 6 variétés étaient mises en présence. La végétation entravée par la sécheresse, était néanmoins devenue assez normale, et la récolte se présentait assez bien. Malheureusement, les pluies du mois d'octobre furent très fortes à Armbout-Cappel, et le terrain fut inondé pendant plusieurs semaines, ce qui ne rendit possible l'arrachage qu'en novembre. La plupart des tubercules furent avariés, et dans ces conditions la pesée devint impossible.

M. TRIQUET, à Loon

Contenance totale................... 20 ares
Contenance des parcelles .... 2 a. 5

Nature du sol. — Argilo-siliceux en bon état.

Plante précédente. — Blé fumé au fumier.

Fumure. — 700 kil. superphosphates, et 200 kil. nitrate.

Plantation. — 6 mai, à 0m70 sur 0m60. Les gros tubercules de toutes les variétés ont été coupés.

Levée. — Commencement de juin. Irrégulière pour toutes les variétés.

Végétation. — Entravée au début par la sécheresse, elle s'est prolongée à la suite des pluies d'automne.

Arrachage. — Rouge de Campine et Meilleure ont été arrachées en septembre, les autres, fin octobre.

Rendements à l'hectare. —

Imperator	44.000 kil.
Géante bleue	43.000
Meilleure	29.160
Magnum bonum	29.000
Belle Fille	28.400
Bruce	27.600
Rouge de Campine	24.920
Chancelier	24.600

M. BERLETTE fils, à Bourbourg

Un essai de 8 variétés avait été installé chez M. Berlette fils, à Bourbourg. M. Berlette, ne nous a adressé aucun chiffre concernant ses rendements. Des échantillons ont néanmoins été envoyés à l'analyse; en voici les résultats :

	Poids moyen des tubercules analysés	Fécule Anhydre %
Bruce	0k.250	19.50
Chancelier	0 240	22.40
Magnum bonum	0 380	15.40
Imperator	0 160	18.20
Géante bleue	0 280	16.20
Belle Fille	0 150	21.50
Rouge de Campine	0 160	18.20
Meilleure	0 180	19.70

Comparaison des variétés

Des chiffres qui précèdent, on peut tirer les moyennes des rendements des principales variétés expérimentées.

	Rendements moyens à l'hectare	Moyenne de 5 champs
Géante bleue	39.000 k.	17
Imperator	37.300	7
Magnum bonum	37.100	7
Belle Fille	33.400	5
Meilleure	31.700	7
Bruce	30.900	9
Athene	29.600	8
Rouge de Campine	28.400	5
Chancelier	27.100	14
Aspasie	25.800	9
Simson	23.100	11

Ces mêmes variétés se classent comme suit au point de vue de leur richesse moyenne en fécule.

	Poids moyen des tubercules analysés	Fécule Anhydre %			
Chancelier	0k.133	23.30	Moyenne de 11 analyses		
Simson	0 109	22.07	—	9	—
Meileure	0 152	20.80	—	6	—
Athené	0 155	20.40	—	8	—
Imperator	0 290	20.40	—	14	—
Rouge de Campine	0 133	19.50	—	2	—
Belle Fille	0 153	19.20	—	3	—
Bruce	0 190	18.80	—	8	—
Aspasie	0 164	18.40	—	9	—
Magnum bonum	0 245	17.80	—	5	—
Géante bleue	0 250	14.90	—	3	—

HOUBLON

L'année 1891 avait été favorable à la reprise des 60.000 boutures de houblons étrangers que nous avions fait planter dans 21 communes, par 167 cultivateurs.

Chacun d'eux s'était engagé à cultiver ces houblons pendant trois ans au moins, et à nous fournir les résultats de la pesée après chaque récolte. On verra que bon nombre d'entre eux ont failli à cet engagement, puisque nous donnons ci-dessous tous les renseignements qui nous sont parvenus, et que, parmi ceux-ci, bon nombre de rapports sont incomplets. La sécheresse de 1892 a certainement beaucoup influé sur ces abstentions, car elle n'a pu qu'amener un certain découragement chez nos planteurs. Les boutures à peine enracinées n'ont pas, en général, eu assez de force pour résister à la sécheresse, et la végétation n'a pas été normale.

Nous ne pourrons commencer à juger ces variétés qu'en 1893, si toutefois la sécheresse ne vient pas, comme en 1892, entraver la végétation.

COMMUNE DE BAILLEUL

Cultures de l'Asile d'aliénées

Nombre de pieds d'expérience.	Spalt	100
	Saaz	100
	Wolnzach	100
	Pays	100
Houblon sec récolté par pied.	Spalt	0 k 260 gr
	Saaz	0 240
	Wolnzach	0 450
	Pays	0 440

Date de la récolte. — 28 août au 15 septembre. Aucune maladie.

D'après M. le Dr Cortyl, il n'est pas possible de donner une appréciation quelconque après une première récolte. Il conviendrait d'attendre encore un ou deux ans avant de se prononcer.

M. DEWYNTER, Achille

	Spalt	Saaz	Wolnzach	Pays
Nombre de pieds d'expérience	159	177	199	179
Houblon sec récolté par pied	0.210	0.120	0.390	0.560
Date de la récolte	26 août	26 août	1er septemb.	2 septembre

D'après M. Dewynter, le Wolnzach une fois acclimaté, pourrait donner de bons résultats. Pour les deux autres variétés, il est difficile de prévoir des résultats plus avantageux.

COMMUNE DE BERTHEN

M. VANDEWALLE, Evariste

	Spalt	Saaz	Wolnzach	Pays
Nombre de pieds d'expérience	100	100	100	100
Houblon sec récolté par pied	0.400	0.300	0.750	0.875
Valeur marchande des 50 kil.	100 fr.	100 fr.	100 fr.	100 fr.
Date de la récolte. (Pas de maladies)	10 au 15 sept.	10 au 15 sept.	10 au 15 sept.	10 au 15 sept.

D'après M. Vandewalle, le Wolnzach restera dans le pays. Pour juger les deux autres variétés, il faut attendre la récolte de 1893.

Société Agricole du Mont des Cats

	Spalt	Saaz	Wolnzach	Pays
Nombre de pieds d'expérience	166	166	166	2.300
Houblon sec récolté par pied	0.500	0.500	0.500	0.300
Valeur marchande des 50 kil.	150 fr.	150 fr.	150 fr.	100 fr.
Date de la récolte	10 au 12 sept.	10 au 12 sept.	10 au 12 sept.	7 au 20 sept.

Récolte normale pour les trois variétés étrangères, anormale pour celle du pays, car ce dernier a été atteint de la moisissure. La récolte du Spalt, Saaz et Wolnzach a produit une bière d'excellente qualité.

COMMUNE DE BUSIGNY

M. CASIEZ-DUFLOS

	Spalt	Saaz	Wolnzach	Allemand (Casiez)	Casiez
Nombre de pieds d'expérience	44	44	88	44	44
Houblon sec récolté par pied	0,170	0,182	0,405	0,443	0,478
Valeur marchande	150	160	150	150	125
Date de la récolte	25 août	25 août	10 septemb	15 septemb	10 septemb

Végétation difficile pour le Spaltz et le Saaz, normale pour les autres variétés. Les deux premières ont eu un peu de rouille. M. Casiez espère avoir au moyen de ces variétés, quantité et qualité dans l'avenir.

COMMUNE DE CROIX

M. TUCHE J.-Bte.

	Spalt	Saaz	Wolnzach	Pays
Nombre de pieds d'expérience	10	10	10	10
Houblon sec récolté par pied	0,050	0,050	0,100	0,350
Valeur marchande	110 fr.	110 fr.	110 fr.	110 fr.
Date de la récolte	8 au 22 sept.	8 au 22 sept	8 au 22 sept	8 au 22 sept.

Récolte normale, pas de maladies.

M. LECOUVEZ-MARIN

	Spalt	Saaz	Wolnzach	Pays
Nombre de pieds d'expérience	10	10	10	10
Houblon sec récolté par pied	0,050	0,050	0,100	0,350
Valeur marchande	110 fr.	110 fr.	110 fr.	110 fr.
Date de la récolte		du 4 au 20 septembre		

Récolte assez normale; rouille partout.

Le Spalt et le Saaz sont de beaucoup inférieurs; le Wolnzach leur est préférable sous le rapport de la quantité et de la qualité. Mais le houblon du pays prime les trois variétés précédentes.

M. BRIATTE-CAPPLIEZ.

M. Briatte-Cappliez considère la récolte comme nulle pour toutes les variétés, car tous les houblons ont été atteints fortement par la rouille, mais il pense que le Wolnzach s'acclimatera dans le pays.

M. MASSON, Jules.

M. Masson accuse également une récolte nulle; selon lui, les houblons d'expérience ne s'acclimateront pas dans le pays.

M. WATTREMEZ, Eugène.

	Spalt	Saaz	Wolnzach	Pays
Nombre de pieds d'expérience	50	50	50	50
Récolte par pied	10 %	20 %	60 %	60 %
Valeur marchande des 50 kilos	110 fr.	110 fr.	110 fr.	90 fr.
Date de la récolte		13 septembre.		

Les cônes du Spalt et du Saaz étaient tachés à l'intérieur. Le Wolnzach et le houblon du pays étaient normaux.

D'après M. Wattremez, le Spalt et le Saaz sont à laisser de côté, tandis que le Wolnzach se rapproche beaucoup du houblon du pays; il est appelé, par son rendement et sa vigueur, à rendre les mêmes services, tant en qualité qu'en quantité. Pour la valeur marchande, les négociants ne font pas de différence. Il compte planter de nouveau du Wolnzach, et arracher les autres variétés.

M. TAISNE, Aimé.

	Spalt	Saaz	Wolnzach	Pays
Nombre de pieds d'expérience	10	10	10	10
Récolté par pied	8 %	10 %	50 %	60 %
Valeur marchande	110 fr.	110 fr.	110 fr.	90 fr.
Date de la récolte		20 septembre.		

Les cônes du Spalt étaient tachés à l'intérieur, les autres variétés étaient normales.

M. Taisne va continuer encore un an la culture du Spalt et du Saaz, quoiqu'ils n'aient donné qu'une récolte nulle; quant au Wolnzach, il a fourni la même récolte que le houblon du pays.

M. THURETTE, Eugène.

	Spalt	Saaz	Wolnzach	Pays
Nombre de pieds d'expérience	10	10	10	10
Récolte par pied	10 %	20 %	60 %	80 %
Valeur marchande	110 fr.	110 fr.	110 fr.	90 fr.
Date de la récolte		13 septembre.		

Les cônes du Spalt et du Saaz étaient tachés à l'intérieur. Les autres variétés n'ont été atteintes par aucune maladie.

M. Thurette dit que le Spalt et le Saaz n'ont presque rien rapporté cette année; il va continuer leur culture encore une année afin de pouvoir mieux juger du rendement; le Wolnzach a donné la même récolte que le houblon du pays, il pense pouvoir le maintenir plus longtemps.

M. BURLION, J.-Bte.

	Spalt	Saaz	Wolnzach	Pays
Nombre de pieds d'expérience	10	10	10	10
Récolte par pied	10 %	20 %	60 %	60 %
Valeur marchande	110 fr.	110 fr.	110 fr.	90 fr.
Date de la récolte		13 septembre.		

Les cônes du Spalt et du Saaz étaient tachés à l'intérieur. Ceux des autres variétés étaient normaux.

D'après M. Burlion, le Spalt et le Saaz doivent être abandonnés. Le Wolnzach au contraire, se rapproche beaucoup du houblon du pays, et il rendra tant en quantité qu'en qualité le même service que celui-ci.

M. LEBON, Simon.

	Spalt	Saaz	Wolnzach	Pays
Nombre de pieds d'expérience........	10	10	10	10
Récolte par pied	10%	20%	60 %	60%
Valeur marchande....	110 »	110 fr.	110 fr.	90 fr.
Date de la récolte		13 septembre.		

Les cônes du Spalt et du Saaz étaient tachés à l'intérieur. Ceux des autres variétés étaient normaux.

D'après M. Lebon, le Spalt et le Saaz n'ont presque rien rapporté ; le Wolnzach, au contraire, rendra, tant au point de vue de la qualité que de la quantité, les mêmes services que celui du pays.

COMMUNE DE FONTAINE-AU-BOIS.

M. TROUILLET, Amédée.

	Spalt	Saaz	Pays
Nombre de pieds d'expérience.......	75	75	800
Récolte par pied	0.200	0.200	0.310
Valeur marchande.................	—	—	90 fr.
Date de la récolte		10 septembre	

Suivant M. Trouillet, le Saaz est plus précoce et il est préférable au Spalt.

M. DRUESNE-RIVART.

	Spalt	Saaz	Wolnzach	Pays
Nombre de pieds d'expérience........	100	100	100	100
Récolte par pied....................	0.230	0.220	0.270	0.250
Valeur marchande...................	100 »	100 fr.	100 fr.	100 fr.
Date de la récolte		15 septembre.		

La rouille a diminué les produits.
M. Druesne préfère le Wolnzach à toute autre variété.

M. JAECK, Alphonse.

	Spalt
Nombre de pieds d'expérience........	65
Récolte par pied....................	0.160
Date de la récolte	30 août.

Le miellat a compromis la récolte.

M. MARÉCHAL, Joseph.

	Spalt	Saaz	Wolnzach	Pays
Nombre de pieds d'expérience......	20	22	10	1300
Récolte par pied	0.300	0.230	0.200	0.300
Valeur marchande.................	110 fr.	110 »	110 fr.	110 fr.
Date de la récolte		15 septembre.		

La rouille a fait beaucoup de mal.

M. LESNE, François.

	Spalt	Saaz	Wolnzach	Pays
Nombre de pieds d'expérience........	20	20	20	20
Récolte par pied....................	0.150	0.100	0.350	0.200
Valeur marchande...................	90 fr.	90 fr.	90 fr.	90 fr.
Date de la récolte		12 septembre.		

Le Wolnzach est bien supérieur.

M. Denis TROUILLET

	Spalt	Saaz	Wolnzach
Nombre de pieds d'expérience	20	20	20
Récolte par pied...................	0.125	0.125	0.125
Date de la récolte		1er septembre	

M. MONIEZ, François.

	Spalt	Saaz	Wolnzach	Pays
Nombre de pieds d'expérience	15	22	23	25
Récolte par pied....................	0.500	—	—	—
Valeur marchande...................	90 fr.	—	—	—
Date de la récolte	12 septembre	—	—	—

M. Moniez pense que les trois variétés sont bonnes.
Résultats incomplets.

M. MATURAS, Achille.

	Spalt	Wolnzach	Pays
Nombre de pieds d'expérience........	20	20	20
Récolte par pied	0.250	0.250	0.375
Valeur marchande...................	90 fr.	90 fr.	90 fr.
Date de la récolte		10 septembre.	

La rouille a atteint toutes les variétés.
M. Maturas pense que le Saaz et le Wolnzach donneront de bons
résultats.

M. TROUILLET, Augustin.

	Spalt	Saaz	Wolnzach	Pays
Nombre de pieds d'expérience	10	10	10	10
Récolte par pied	0.300	0.400	0.500	0.500
Valeur marchande...................	—	—	—	—
Date de la récolte		8 Septembre.		

Maladie : le miellat.
M. Trouillet estime que le Saaz, Wolnzach et Pays sont de
bonnes variétés.

M. DRUESNE, Jean-Baptiste.

	Spalt	Saaz	Wolnzach
Nombre de pieds d'expérience	45	45	45

Résultats incomplets.

M. POTTIER, Eugène

	Spalt	Saaz	Wolznach	Pays
Nombre de pieds d'expérience	10	10	10	10
Récolte par pied	0.300	0.400	0,500	0.500
Valeur marchande	»	»	»	90 fr.
Date de la récolte		10 septembre		

La récolte est considérée par M. Pottier, comme normale pour le Wolnzach et le Pays, passable pour le Saaz et médiocre pour le Spalt. Le Saaz a été rouillé. Le Wolnzach et le houblon du pays peuvent rivaliser.

M. LESNE, Théophane

	Spalt	Saaz	Wolznach	Pays
Nombre de pieds d'expérience	20	50	50	50
Récolte par pied		0.310		0.300
Valeur marchande	90 fr.	90 fr.	90 fr.	90 fr.
Date de la récolte		14 septembre		

D'après M. Lesne, les trois variétés sont bonnes, et si l'une d'entre elles (?) n'a pas tout à fait réussi, on ne doit pas pour cela la refuser; on peut attribuer les manques du Spalt à ce que les boutures n'étaient plus fraîches lors de leur plantation.

M. PIERCHON, Gille.

	Spalt	Saaz	Wolznach	Pays
Nombre de pieds d'expérience	50	48	46	650
Récolte par pied	0.150	0.150	0.162	0.165
Valeur marchande	100 fr.	100 fr.	100 fr.	90 fr.
Date de la récolte	15 septemb.	14 septemb.	14 septemb.	15 septemb.

La rouille et les pucerons ont fait beaucoup de mal. Suivant M. Pierchon, le Spalt est une variété très sujette aux maladies, végétation difficile, produits de bonne qualité.

Le Saaz est également peu résistant aux maladies, végétation difficile, produits de qualité.

Le Wolnzach est plus résistant aux maladies, végétation plus vigoureuse; produits de bonne qualité.

Le houblon du pays est plus résistant que les trois précédents aux maladies, mais le produit est inférieur.

M. TROUILLET, Emmanuel

	Spalt	Saaz	Wolznach	Pays
Nombre de pieds d'expérience	25	25	25	25
Récolte par pied	0.200	0.160	0.200	0.500
Valeur marchande	»	»	»	90 fr.
Date de la récolte			12 septembre	

Récolte passable; rouille pour les 3 variétés étrangères.

Suivant M. Trouillet, le Spalt et le Saaz sont des variétés passables, le Wolnzach est meilleur.

M. MONIEZ, Théodule

	Spalt	Saaz	Wolznach	Pays
Nombre de pieds d'expérience	25	25	30	25
Récolte par pied	0.160	0.120	0.200	0.380
Valeur marchande	»	»	»	90 fr.
Date de la récolte			10 septembre	

Récolte passable. Rouille et moisissure.

M. Moniez, considère le Saaz comme mauvais, le Spalt comme assez bon, le Wolnzach et le Pays comme bons.

M. LESNE, Aimé

	Spalt	Saaz	Wolznach	Pays
Nombre de pieds d'expérience........	10	20	20	20
Récolte par pied..................		0.440		0.500
Valeur marchande.................	90 fr.	90 fr.	90 fr.	90 fr.
Date de la récolte		12 septembre		

Récolte normale; pas de maladies.

M. Lesne estime que les trois variétés étrangères sont bonnes.

M. DALUY, Amédée

	Spalt	Saaz	Pays
Nombre de pieds d'expérience........	20	40	20
Récolte par pied..................	0.150	0.122	0.200
Valeur marchande.................	110 fr.	110 fr.	90 fr.
Date de la récolte	10 septemb.	10 septemb.	12 septemb.

La rouille a attaqué toutes les variétés.

M. LESNE, Fidèle

	Spalt	Saaz	Wolnzach
Nombre de pieds d'expérience........	25	25	25
Récolte par pied	0.400	0.280	0.320
Valeur marchande.................	110 fr.	110 fr.	110 fr.
Date de la récolte		15 septembre	

Maladie : la rouille.

M. LENOIR-DEPEZ

	Spalt	Saaz	Wolnzach	Pays
Nombre de pieds d'expérience........	13	36	21	60

M. Lenoir ne nous fournit aucun chiffre relatif aux rendements ; il estime que l'on ne pourra juger les variétés qu'en 1893.

11

M. LUSIEZ, Amédée, fils

	Spalt	Saaz
Nombre de pieds d'expérience	20	20
Récolte par pied	0.100	0.100
Valeur marchande	90	90
Récolte	10 septembre	

Résultats incomplets.

M. LAMARCHE, Pierre

	Spalt	Saaz	Wolnzach
Nombre de pieds d'expérience	33	33	34
Récolte par pied	0.180	0.300	0.270
Date de la récolte	10 septembre		

Résultats incomplets.

M. POTTIER, Clodomir.

	Spalt	Saaz	Wolnzach	Pays
Nombre de pieds d'expérience	22	22	22	65
Récolte par pied	(?)	(?)	0.500	0.500
Valeur marchande	»	»	»	»
Date de la récolte	15 Septembre.			

Récolte attaquée par le miellat.

M. Pottier estime que l'on aura beaucoup de difficultés à acclimater ces variétés dans ce pays.

Le Wolnzach est supérieur.

M. LUSIEZ, Amédée.

	Spalt
Nombre de pieds d'expérience	60
Récolte par pied	0.080
Date de la Récolte	16 Septembre

Les plants ont souffert de la sécheresse.

Renseignements incomplets.

M. BLEHAUT, Juvénal.

	Spalt	Saaz	Wolnzach
Nombre de pieds d'expérience	13	13	13

Aucun chiffre sur les rendements.

M. MONIER, Isidore

	Spalt	Saaz	Wolnzach
Nombre de pieds d'expérience	24	30	25
Récolte par pied		0.582	

Renseignements incomplets.

M. MONIER, Eugène.

	Spalt	Saaz	Wolnzach	Pays
Nombre de pieds d'expérience	25	25	25	25
Récolte par pied	0.400	0.200	0.320	0.600
Valeur marchande	100	100	100	105
Date de la récolte		10 Septembre.		

M. WILBAILLE, Bonaventure.

	Spalt	Saaz
Nombre de pieds d'expérience	16	24
Récolte par pied	0.340	0.450
Valeur marchande	100	100
Date de la récolte	10 Septembre.	

Maladie : miellat.

Résultats incomplets.

COMMUNE DE FOREST.

M. RENAUX, Henri.

	Spalt.	Wolnzach	Pays
Nombre de pieds d'expérience	52	44	96
Récolte par pied	0.096	0.140	0.385
Valeur marchande	100	100	100
Date de la récolte		10 Septembre	

La rouille, mais surtout la sécheresse ont fait beaucoup de mal aux plants étrangers.

M. Renaux estime que pour se prononcer sur leur valeur il faut attendre, car les houblons étrangers ont été plantés plus tard, et ont plus souffert de la sécheresse.

M. RENAUX, Zéphir.

	Spalt.	Wolnzach	Pays
Nombre de pieds d'expérience	20	20	20
Récolte par pied	0.100	0.150	0.200
Valeur marchande	100	100	100
Date de la récolte		8 Septembre	

La rouille a fait plus de dégâts sur le Spalt et Wolnzach que sur les houblons du pays. M. Renaux pense qu'il faut attendre pour se prononcer sur leur valeur.

M. DENIMAL, Charles.

	Spalt.	Saaz	Wolnzach
Nombre de pieds d'expérience	24	36	30
Récolte par pied	0.050	0.055	0.166
Valeur marchande	90	90	90
Date de la récolte		5 Septembre	

La rouille a principalement atteint les houblons étrangers.

M. Denimal préfère le Wolnzach.

COMMUNE DE METEREN

M. BÉHAGUE, Henri

	Spalt	Saaz	Wolnzach	Pays
Nombre de pieds d'expérience	100	100	100	100
Récolte par pied	0.215	0.200	0.675	0.490
Valeur marchande	100 fr.	100 fr.	100 fr.	100 fr.
Date de la récolte	28 août	25 août	3 septembre	7 septembre

Le Spalt et le Saaz avaient beaucoup de pieds faibles qui n'ont pas produit. Le Wolnzach au contraire était très régulier. Ces mêmes variétés, ainsi que le houblon du pays, ont été atteints par la moisissure. Le Wolnzach au contraire y a été presque réfractaire.

La variété à laquelle je donne la préférence, dit M. Béhague, pour 1892, est le Wolnzach, qui a un rendement plus élevé, presque point de moisissure, et une grande facilité de cueillette; il faut 1/3 moins de temps pour cette opération. Le Spalt et le Saaz demandent encore une année d'expérience pour leur permettre de mieux s'enraciner; la prochaine récolte décidera du maintien ou du rejet de ces deux variétés, qui sont peut-être un peu trop hâtives pour le pays.

M. BÉCUWE, Denis

	Spalt	Saaz	Wolnzach	Pays
Nombre de pieds d'expérience	100	100	100	100
Récolte par pied	0.400	0.350	0.500	0.500
Valeur marchande	100 fr.	100 fr.	100 fr	100 fr.
Date de la récolte			8 septembre	

D'après M. Bécuwe, le Spalt et le Saaz ont leurs cônes trop grands et trop clairsemés; le Wolnzach au contraire a ses cônes par grappes; c'est une variété qui conviendra vraisemblablement au pays.

M. Bécuwe nous écrivait également, que dans sa commune, tous sont satisfaits du Wolnzach, et que l'on désirerait en replanter. Quant à la qualité de cette variété, elle a été sérieusement expérimentée en brasserie, et on la trouve supérieure aux houblons du pays.

C'est M. Jules Deswarte, brasseur à Méteren qui a fait l'expérience ; il a mis dans plusieurs brassins de suite une égale quantité de Wolnzach et de houblon du pays dans deux cuves différentes, d'égale contenance ; chaque fois, il a reconnu que la bière provenant du Wolnzach avait un goût légèrement plus houblonné que l'autre.

COMMUNE DE ROBERSART

M. GUERY-RENAUX

	Spalt	Saaz	Wolnzach	Pays
Nombre de pieds d'expérience	150	150	150	150
Récolte par pied	5 %	5 %	20 %	25 %
Valeur marchande				90 fr.
Date de la récolte		du 4 au 22 septembre		

Le Saaz et le Spalt ont été les plus attaqués par les maladies. M. Guéry, pour l'année 1892, préfère le Wolnzach.

COMMUNE DE ST-JANS-CAPPEL

M. THOREZ, Achille

	Spalt	Saaz	Wolnzach	Pays
Nombre de pieds d'expérience	150	146	142	2.700
Récolte par pied	1/8	(?)	(?)	1/2
Valeur marchande	90 fr.	90 fr.	90 fr.	90 fr.
Date de la récolte		11 septembre		du 5 au 8

Récolte normale pour le houblon de pays, anormale pour les autres ; M. Thorez pense que le mauvais résultat donné par les variétés étrangères est dû à ce qu'elles ont été plantées trop tard en 1891.

M. LEURÈLE, Benoît

	Spalt	Saaz	Wolnzach	Pays
Nombre de pieds d'expérience........	25	25	25	25
Récolte par pied..................	0.040	0.120	0.400	0.720
Valeur marchande.................	100 fr.	100 fr.	110 fr.	90 fr.
Date de la récolte		1er septembre		

Bonne récolte pour le houblon de pays, moyenne pour le Wolnzach, mauvaise pour les deux autres variétés. Le Spalt seul a eu à souffrir des pucerons.

D'après M. Leurèle, le Spalt ne convient pas au pays ; sujet aux maladies, rend peu ; le Saaz semble meilleur que le Spalt, résiste mieux aux maladies, mais rend trop peu. Le Wolnzach est une bonne variété, qui monterait bien sur fil de fer; c'est de beaucoup la meilleure des trois variétés étrangères. Quant au houblon de pays, il le préfère, pour les rendements très élevés donnés en 1892.

M. DECHERY, Louis

	Spalt	Saaz	Wolnzach	Pays
Nombre de pieds d'expérience........	50	50	50	2.500

Nous n'avons pas reçu d'autres renseignements.

M. VERSCHTIEN, Pierre.

	Spalt	Saaz	Wolnzach
Nombre de pieds d'expérience.......	25	25	25
Récolte par pied.................		0.660	
Valeur marchande................		100 fr.	
Date de la récolte...............		15 septembre	

Renseignements incomplets.

COMMUNE DE STEENVOORDE

M. VANDERLYNDEN, Louis.

	Spalt	Saaz	Wolnzach	Pays
Nombre de pieds d'expérience.......	70	70	70	600
Récolte par pied....................	0.500	0.500	0.500	0.500
Valeur marchande...................	100 fr.	100 fr.	100 fr.	100 fr.
Date de la récolte..................		5 septembre.		

Récolte passable ; pas de maladies.

M. Vanderlynden pense que l'on ne pourra se prononcer sur les variétés qu'en 1893.

M. VALBRON, Adolphe.

	Spalt	Saaz	Pays
Nombre de pieds d'expérience.......	150	150	1,500
Récolte par pied	3/4 (?)	3/4 (?)	0.500
Valeur marchande...................	100 fr.	100 fr.	100 fr.
Date de la récolte..................		5 septembre.	

La récolte a été assez bonne pour le Spalt et le Saaz et M. Valbron croit que ces variétés seront excellentes.

M. MŒNECLAY, Désiré.

	Spalt	Saaz	Wolnzach	Pays
Nombre de pieds d'expérience.......	60	60	60	1900
Récolte par pied....................	0.500	0.500	0.500	0.500
Valeur marchande...................	100 fr.	100 fr.	100 fr.	100 fr.
Date de la récolte:.................		3 septembre.		

M. Mœnéclay croit qu'il est difficile de se prononcer sur les variétés avant 1893, il considère la récolte comme assez bonne pour le Spalt, Saaz et Wolnzach, et passable pour le houblon du pays.

M. DELBAERE, Désiré.

	Saaz	Pays
Nombre de pieds d'expérience........	50	950
Récolte par pied....................	0.500	0.500
Valeur marchande....................	100 fr.	100 fr.
Date de la récolte.................	5 septembre.	

M. Delbaere estime que le Saaz est une excellente variété, que la récolte qu'il a donnée est bonne.

M. DEJONGHE, Théophile.

	Spalt	Saaz	Wolnzach	Pays
Nombre de pieds d'expérience......	28	28	28	2000
Récolte par pied..................	(?)	(?)	0.500	0.500
Valeur marchande..................	100 fr.	100 fr.	100 fr.	100 fr
Date de la récolte...............		29 août.		

M. Dejonghe ne pourra se prononcer qu'en 1893 sur le Wolnzach; quant aux deux autres, il pense les arracher.

M. BUSSON, Charles.

	Spalt	Saaz	Pays
Nombre de pieds d'expérience	50	50	700
Récolte par pied...................	0.375	0.375	0.500
Valeur marchande..................	100 fr.	100 fr.	100 fr.
Date de la récolte...............		5 septembre.	

Récolte passable pour le Spalt et le Saaz, et assez bonne pour le houblon du pays. M. Busson pense que le Spalt et le Saaz donnent un houblon excellent.

M. DEGRYCK, Amand.

	Spalt	Saaz	Wolnzach
Nombre de pieds d'expérience	150	150	200
Récolte par pied	0.250	0.250	0.375
Valeur marchande	100 fr.	100 fr.	100 fr.
Date de la récolte		5 septembre.	

Récolte passable pour le Spalt et le Saaz et bonne pour le Wolnzach. M. Degryck estime beaucoup le Wolnzach mais il attend 1893 pour le juger définitivement.

Les planteurs dont les noms suivent, n'ont fourni aucun chiffre au sujet de la récolte. Nous transcrivons ci-dessous leurs appréciations :

	Spalt	Saaz	Wolnzach	Pays	Appréciation des variétés
MM.					
Abthiennes, Frédéric	peu	peu	peu	—	se prononcera en 1893.
Coudeville, Amand	peu	peu	très peu	—	le houblon paraît excellent.
Verstaen, Benoît	très peu	peu	peu	—	id.
Petit, Basyle	peu	peu	peu	—	le Wolnzach est excellent, les autres passables; se prononcera en 1893.
Sepieter, Henri	néant	néant	néant	—	compte arracher ses houblons
Verrièle, Benoît	peu	peu	peu	—	se prononcera en 1893.
Vanveuren, Désiré	0.500		—	—	le houblon est excellent
Duflos, Désiré	—	presque rien	presque rien	0.250	houblon très mauvais.
Dequeker, Martin	néant	néant	néant	—	compte arracher ses houblons
Demassiet, Ch.	néant	néant	néant	—	houblon mauvais.
Demery, François	néant	—	—	—	houblon excellent; attend 1893
Demol, Benoît	0.250	0.250	0.250	—	se prononcera en 1893.
Waninghelout, Louis	très peu	très peu	très peu	—	se prononcera en 1893.

MM. Ryckebusch, Adolphe; Staelen, Edouard; Vanpeene, Aimé; Vve Henri Heem; Demassiet, Arthur; Lobcedez, Aimé et Ganne, Henri, de Steenvoorde, n'ont fourni aucun renseignement.

Conclusions à tirer des essais de houblon de 1892.

Des résultats rapportés plus haut, on peut d'abord admettre, que ce ne sera pas avant 1893 que l'on pourra formuler une opinion définitive sur la valeur des variétés plantées en 1891. La saison de 1891 avait assuré la reprise de nos boutures qui n'avaient pu être plantées que très tard, mais la sécheresse de 1892 a beaucoup nui aux rendements, c'est un fait que la plupart des planteurs ont constaté.

Le Spalt et le Saaz se sont montrés presque partout inférieurs au Wolnzach. Ces variétés sont plus chétives, le Saaz surtout, et ont été plus facilement atteintes par les maladies. Le Wolnzach au contraire, dès la première année a montré beaucoup de vigueur, et a mieux résisté aux maladies. Les produits qu'il donne ne sont pas inférieurs à ceux des autres, et il a souvent égalé, ainsi qu'on a pu le voir, comme quantité, les rendements fournis par les houblons de pays. Il était cependant vis-à-vis de ces derniers, en état d'infériorité, puisque dans la presque totalité des cas, le houblon de pays, qui devait servir de témoin, avait au moins un an de plus. D'après les instructions que nous avions envoyées au moment de la plantation, on devait planter dans chaque houblonnière, comparativement avec les boutures de houblons étrangers, des boutures *de même âge des houblons de pays*, c'est-à-dire des morceaux de racines. Ces prescriptions n'ont presque jamais été suivies ; à côté de nos variétés étrangères on a planté la plupart du temps (comme cela se fait d'ailleurs avec beaucoup de raison dans le pays) des plants déjà enracinés, et âgés de 1 ou de 2 ans, et souvent même, les produits de nos jeunes plants d'essai, ont été comparés avec ceux donnés par des houblonnières en période d'activité. Au point de vue de la comparaison du Wolnzach (puisque c'est cette variété qui semble préférable) avec les houblons de pays, ce ne sera peut être pas même en 1893 que l'on pourra porter un jugement définitif sur la valeur de cette variété.

TABAC

Contrairement à beaucoup d'autres, cette plante a été très étudiée, mais elle l'a moins été, que nous sachions, spécialement au point de vue du département du Nord, dont tous les tabacs, (les trois qualités marchandes) sont exclusivement destinées par l'administration à la fabrication de la poudre et du tabac à mâcher.

Chacun sait que les fumures avec tourteaux d'oléagineux fournissent des tabacs excellents au point de vue du produit spécial que nous devons rechercher ici. Mais une fumure pour tabac dans l'arrondissement de Lille est très onéreuse dans ces conditions, car 9 à 10,000 kilogr. de tourteaux et 60,000 kilogr. de fumier à l'hectare, représentent facilement une dépense de 12 à 1500 fr. au minimum, qui profite évidemment à la betterave de distillerie qui suit habituellement le tabac, et au blé qui vient après la betterave, mais qui n'en constitue pas moins presque un danger, car la terre s'enrichit de cette façon exclusivement en matières organiques et en azote, à tel point que le sol tend à se déséquilibrer, et à rendre la verse des céréales toujours à craindre.

Nous avons donc réduit le problème que nous nous proposons d'étudier, à la seule question d'essayer de produire 2.500 à 3.000 kg. de tabac propre (en partie) à la fabrication de la poudre, sans déséquilibrer le sol, c'est-à-dire en réduisant l'énorme dose de tourteaux et en la remplaçant en partie par des éléments minéraux utiles dont ces terres ont besoin, sans dépenser davantage en engrais qu'avec la fumure aux tourteaux qui est très onéreuse. Dans la suite, nous pourrons rechercher, s'il y a lieu, à réduire la dépense.

Nos essais préliminaires ont été tentés en 1892 à Comines. Ils ont été établis en triple, de façon à ce qu'ils se contrôlent mutuellement, chez MM. Lesaffre, Vermes et Roussel. Les résultats du dernier ne nous ont pas encore été transmis par l'administration de la culture, nous les donnerons dans notre prochain rapport qui contiendra également les chiffres relatifs aux essais de fermentation.

M. A. LESAFFRE, à Comines.

Contenance totale......................... 1 h⁰ 02 a. 99.
Contenance des parcelles .... 34 ares 33.
Nombre des parcelles : 3.

Nature du sol. — Siliceo-argileux en très bon état.

Plantes précédentes. — En 1890 : Lin avec tourteaux et engrais chimiques (Récolte 6.500 kil.).

En 1891 : Blé avec 1.000 kil. de tourteaux (Récolte 30 hectolitres).

La terre n'avait pas porté de tabac depuis 10 ans.

Fumure. — Parcelle 1 (témoin).

50.000 kil. fumier à l'hectare et déchets de laine avant l'hiver, et 9.000 kil. tourteaux de colza à l'hectare, soit 3.090 kil. pour 34 ares 33.

Parcelle N° 2.

Même quantité de fumier et déchets de laine.
7.500 kil. tourteaux à l'hectare, soit..... 2.575 kil. pour 34 ares 33.
600 kil. chlorure de potassium, soit... 206 kil. pour 34 ares 33.
900 kil. superphosphates à l'hectʳᵉ, soit 309 kil. pour 34 ares 33.

Le chlorure de potassium et les superphosphates ont été appliqués fin mars, en même temps que les tourteaux.

Parcelle N° 3.

Même quantité de fumier et déchets de laine.
7.500 kil. tourteaux à l'hectare, soit..... 2.575 kil. pour 34 ares 33.
600 kil. sulfate de potasse à l'hectʳᵉ, soit 206 kil. pour 34 ares 33.
900 kil. superphosphates à l'hectʳᵉ, soit 309 kil. pour 34 ares 33.

Même mode d'application que pour la parcelle N° 2.

La fumure de ces trois parcelles est identique au point de vue de la dépense.

Végétation. — Le repiquage de la variété Philippin a eu lieu du 28 mai au 4 juin. La végétation a été normale, la sécheresse n'a pas fait de mal et la récolte était bien régulière dans toutes ses parties.

Récolte. — La récolte des feuilles a été effectuée le 2 septembre.

Rendements. — L'expertise eut le 7 février.

Le classement donna les résultats suivants :

	Parcelle N° 1.	Parcelle N° 2.	Parcelle N° 3.
Surchoix.............................	100 kil.	—	—
1re Catégorie	38 »	83 kil.	—
2e —	225 »	214 »	212 kil.
3e —	294 »	388 »	253 »
4e —	268 »	276 »	339 »
5e —	79 »	119 »	273 »
6e —	—	7 »	15 »
Totaux	1.004 kil.	1.087 kil.	1.092 kil.

Soit une différence positive de 83 kil. sur le témoin en faveur de la parcelle N° 2 et de 88 kil. en faveur de la parcelle N° 3.

Voici les résultats en argent fournis par les 3 parcelles.

Prix des 100 k.		Parcelle N° 1	Parcelle N° 2	Parcelle N° 3
Sur choix............	150 fr.	150 fr. »	—	—
1re catégorie	140 fr.	53 20	116 fr.20	—
2e —	110 fr.	247 50	235 40	233 fr.20
3e —	90 fr.	264 60	349 20	227 70
4e —	70 fr.	187 60	193 20	237 30
5e —	50 fr.	39 50	59 50	136 50
6e —	25 fr.	—	1 75	3 75
Totaux.....		942 fr.40	955 fr.25	838 fr.45

Le surchoix ayant été accordé sur la première parcelle, mais pour bons soins apportés au tabac, le produit de la première parcelle se réduit donc à 932 fr. 40.

Le produit argent à l'hectare de nos trois parcelles, se chiffre donc comme suit :

Parcelle N° 1. Fumier et tourteaux...............   2.716 fr.

—   2. Fumier, tourteaux, chlorure de potassium et superphosphates ....   2.782 fr.

—   3. Fumier, tourteaux, sulfate de potasse, et superphosphates. ....   2.442 fr.

Soit une différence positive de 66 fr. en faveur du chlorure sur le témoin et négative de 274 fr. pour la parcelle N° 3 au sulfate de potasse.

Ces différences proviennent de l'estimation.

Les produits de la parcelle N° 3 au sulfate paraissaient plus rougeâtres, et étaient beaucoup plus humides. Le tissu de la feuille est lâche, n'a pas la résistance et l'élasticité nécessaires.

Les tabacs de la parcelle N° 2 (chlorure) sont plus humides que ceux du tourteau seul, mais moins humides que ceux de la parcelle au sulfate. La qualité de la feuille est aussi moins bonne que les tabacs de la parcelle aux tourteaux seuls. Les nervures sont blanches.

M. VERMÈS, à Comines.

Contenance totale...................... 69 ares
Contenance des parcelles.............. 23 ares
Nombre de parcelles....... 3

Nature du sol. — Argilo-siliceux en très bon état.

Plantes précédentes. — 1890 : Colza avec fumier et sulfate d'ammoniaque.

1891 : Blé sans engrais.

Le dernier tabac date de 13 ans.

Fumure. — Parcelle N° 1.

Fumier . . 60,000 kil. à l'hectare.
Tourteaux . 10,000 id.

Parcelle N° 2.

Fumier même quantité.
Tourteaux . . . . 8,400 kil. à l'hectare.
Chlorure de potassium 700 id.
Superphosphates . . . 900 id.

Parcelle N° 3.

Fumier : même quantité.
Tourteaux . . . 8,400 kil. à l'hectare.
Sulfate de potasse 700 id.
Superphosphates. 900 id.

Dépense en engrais (sans le fumier) pour chaque parcelle : 1,350 fr.

Végétation. — Le repiquage a eu lieu du 30 mai au 4 juin.

La récolte était très égale, la sécheresse a fait peu de mal ; la récolte a eu lieu à partir du 29 août.

Le 9 février eut lieu l'expertise, dont voici les résultats :

	Parcelle N° 1	Parcelle N° 2	Parcelle N° 3
1re Catégorie	85 kil.	49 kil.	50 kil.
2e Id.	90	97	124
3e Id.	160	240	236
4e Id.	185	156	254
5e Id.	200	161	56
6e Id.	9	25	39
	729	728	756

Soit une différence positive de 27 kil. en faveur de la parcelle N° 3 au sulfate, sur le témoin, et une différence négative de 1 kil. en faveur du témoin sur le N° 2, parcelle au chlorure.

Voici les résultats en argent :

	Prix des 100 kil.	Parcelle N° 1	Parcelle N° 2	Parcelle N° 3
1re Catégorie	140 fr.	119f. »	68f. 60	70f. »
2e Id.	110	99 »	106 70	133 10
3e Id.	90	144 »	216 »	212 40
4e Id.	70	129 50	109 25	177 80
5e Id.	50	100 »	80 50	28 »
6e Id.	25	2 25	6 25	9 75
TOTAUX		593 75	587 25	631 05
Soit par hectare		2.581 »	2.553 »	2.743 »

C'est-à-dire une différence négative de 28 fr. en faveur du témoin sur le chlorure, et un excédent de 162 fr. de la parcelle N° 3 (sulfate) sur le témoin.

Toute cette livraison renfermait beaucoup d'humidité.

Les tabacs aux tourteaux seuls, ont néanmoins paru moins humides, mais sans présenter beaucoup de différence avec la parcelle au sulfate de potasse. Ces dernières avait une couleur plus foncée; le tissu de la feuille était meilleur que celui des tabacs au chlorure; mais ce qui fait sa supériorité sur les deux autres, au point de vue du poids et du produit argent, c'est que la dimension des feuilles était en général plus forte, ce qui en fit classer la plus grande partie dans les 2e, 3e et 4e catégories.

M. l'Inspecteur de culture et M. l'Entreposeur ont bien voulu continuer l'expérience jusqu'au bout; trois balles de manoques de chaque parcelle ont été mises en fermentation au milieu d'une masse, de façon à se rendre compte de la manière dont se comporteront ces tabacs. Notre prochain rapport contiendra les chiffres relatifs à ces opérations, ainsi que ceux du champ de M. Roussel.

BLÉ

M. Ch. BOLLENGIER, à Warhem.

Contenance totale : 1 h. 13 a. 47.
Contenance des parcelles : 28 a. 84, 28 a. 53, 28 a. 18, 27 a. 92.

M. Ch. Bollengier avait établi un essai de variétés de blé dans le champ qui nous avait déjà servi en 1890 pour expériences sur cette même plante, et en 1891 sur haricots. Les rapports de 1889-90 et de 1890-91 contiennent les résultats.

Variétés. — Les variétés mises en présence étaient :

1º Blé blanc velouté du pays à épi carré.
2º Blé Stand'up.
3º Blé Dattel.
4º Blé blanc de Bergues (témoin).

Semailles. — 26 novembre.

Levée. — 20 décembre. Le Dattel a eu la meilleure levée, et c'est lui aussi qui a le mieux résisté à l'hiver. Le blé de Bergues, au contraire, n'a pas bien levé, il est resté très clair ; le Stand'up et le blé velouté ont eu une bonne levée, mais l'hiver a fait quelques éclaircies.

Récolte. — 25 août.

Rendements à l'hectare :

	Blanc velouté	Stand'up	Dattel	Blanc de Bergues
Rendement en grain	3710	3500	3900	
— en paille	5800	5600	6700	
Poids de l'hectolitre de grain	78 kil.	79 kil.	79 kil.	
Valeur marchande des 100 kil. de grain	22.50	23.00	23 fr.25	
— — 1000 kil. de paille	50 fr.	50 fr.	50 fr.	
Hauteur moyenne des tiges	1.15	1.10	1.30	
Résistance à la verse	moyenne	bonne	bonne	
— à la rouille	bonne	bonne	bonne	
— à la gelée	bonne	moyenne	bonne	
Précocité	moyenne	moyenne	moyenne	
Qualité de la paille	moyenne	moyenne	bonne	
Qualité du grain	moyenne	bonne	bonne	

Trop inégal pour être récolté.

(Certifiés par MM. Fornet, Outtry, Mormentayn).

M. J. BOONE, à Terdeghem.

Contenance totale...................................... 2 hectares.
Contenance des parcelles.......................... 1 hectare.

Nature du sol. — Argilo-siliceux.

Plante précédente. — Féveroles au fumier.

Fumure. — Fumier.

Semailles. — Les semailles ont eu lieu à la volée le 6 novembre.

Levée. — Commencement de décembre.

Végétation. — Les deux variétés ont assez mal résisté à l'hiver ; la sécheresse leur a fait aussi beaucoup de mal. Le blé du pays a cependant mieux résisté.

Récolte. — 16 août.

Rendements à l'hectare :

	Stand'up	Blé blanc de Flandre
Rendement en grain..............................	2340 kil.	2400 kil.
—, en paille................................	4200 kil.	5000 kil.
Poids de l'hectolitre de grain..................	78 kil.	80 kil.
Valeur marchande des 100 kil. de grain......	22 fr.	23 fr.
— — 1000 kil. de paille......	60 fr.	70 fr.
Hauteur moyenne des tiges...................	1.10	1.40
Résistance à la verse	bonne	moyenne
— à la rouille	bonne	moyenne
— à la gelée	mauvaise	bonne
— au charbon	moyenne	moyenne
— à l'échaudage	bonne	bonne
Précocité..	moyenne	bonne
Couleur à la maturation	moyenne	bonne
Qualité de la paille.............................	moyenne	bonne
Qualité du grain.................................	bonne	bonne

(Résultats certifiés par MM. Boone et Dequidt).

M. DUBUS, à Tourmignies.

Contenance totale................................. 1 h. 12.
Contenance des parcelles........................ 11 a. 20.

Nature du sol. — Argilo-siliceux.

12*

Plantes précédentes. — Betteraves avec 35.000 kil. de fumier de ferme, et 600 kil. de nitrate à l'hectare.

Fumure. — Les parcelles 1-3-5-7-9 ont reçu 150 kil. de nitrate à l'hectare, et 2-4-6-8-10 ont reçu la même dose de nitrate, mais en plus, 600 kil. de superphosphates. La dépense pour ces dernières présente donc 42 fr. d'excédent.

Semailles. — 19 novembre, en lignes à 0,15. L'épi carré roux a été semé à raison de 150 kil. à l'hectare, les autres à 130 kil.

Levée. — 15 décembre. La levée a été belle et uniforme pour toutes les variétés.

Végétation. — Le blé blanc du pays a le mieux résisté à l'hiver. Toutes les variétés ont été plus ou moins éclaircies par l'hiver, mais c'est le Stand'up qui a le plus souffert. La sécheresse a été nuisible à cette dernière variété et aux autres variétés à paille courte; mais elle n'a pas nui au Goldendrop et surtout au blé de pays qui n'a pas versé, et rendu plus que d'habitude.

Pendant la croissance, il était difficile de voir une différence entre les parcelles d'engrais.

Récolte. — 8 août.

Rendements à l'hectare :

	BLÉ BLANC		DATTEL		STAND'UP		ÉPI CARRÉ ROUX		GOLDENDROP	
	Nitrate	Nitrate et Superphosphates	Nitrate	Nitrate et Superphosphates	Nitrate	Nitrate et Superphosphates	Nitrate	Nitrate et Superphosphates	Nitrate	Nitrate et Superphosphates
	1	2	3	4	5	6	7	8	9	10
Rendements en grains	3205	3303	3526	3651	2857	2937	3866	4035	3297	3387
Id. en paille	5580	5642	5428	5464	5178	5223	5518	5544	5670	5734
Poids de l'hectolit. de grains	80 k.	81 k.	81 k.	82 k. 5	82 k.	82 k. 5	81 k.	82 k.	79 k. 5	81 k.
Valeur march. des 100 k. de grain	23 f. 50	23 f.50	22 f.50	22 f.50	23 f.	23 f.	22 f.	22 f.	22 f.25	22 f.25
— Id. 1000 k. de paille	64 f.	64 f.	62 f.	62 f.	62 f.	62 f.	60 f.	60 f.	61 f.	61 f.
Hauteur moyenne des tiges	1.32	1.32	1.29	1.29	1.20	1.20	1.30	1.30	1.31	1.31
Résistance à la verse	bonne	bonne	bonne	bonne	bonne	bonne	bonne	bonne	moyne	moyne
Id. rouille	bonne	bonne	bonne	bonne	bonne	bonne	bonne	bonne	moyne	moyne
Id. gelée	bonne	bonne	bonne	bonne	moyne	moyne	bonne	bonne	bonne	bonne
Précocité	moyne	moyne	moyne	moyne	moyne	moyne	précoc	précoc	tard.	tard.
Qualité de la paille	bonne	bonne	moyne	moyne	moyne	moyne	moyne	moyne	moyne	moyne
Id. du grain	bonne	bonne	bonne	bonne	bonne	bonne	moyne	moyne	bonne	bonne

(Résultats certifiés par MM. Lerouge, Cornille, Lefebvre et Collier).

Si nous appliquons aux produits ci-dessus les valeurs marchandes en grain et en paille, nous voyons que partout les superphosphates ont donné un excédent de rendement; mais, si l'on déduit du produit en argent la somme consacrée à ces engrais phosphatés, on peut se rendre compte que l'emploi des superphosphates ne constitue point de profit immédiat.

Ainsi pour :

Le blé blanc, la parcelle au nitrate seul donne un excédent de   16 fr. à l'hectare
Le Dattel,   —   id.   —   id.   —   11 »   —
Le Stand'up   —   id.   —   id.   —   21 »   —
L'Epi carré roux   id.   —   id.   —   2 »   —
Le Goldendrop —   id.   —   id.   —   17 »   —

On ne pourrait pas néanmoins en conclure que les superphosphates ne sont pas avantageux dans le sol qui nous occupe, car il est permis de penser que les engrais phosphatés non assimilés, constituent une réserve, dont les plantes qui suivront profiteront.

Au point de vue des résultats argent donnés par les variétés, nous pouvons classer celles-ci dans l'ordre suivant :

L'Epi carré roux, qui donne un excédent de   78 fr. l'hectare sur le témoin.
Le Dattel.   —   id.   —   21 »   —   id.   —
Le Goldendrop   —   id.   —   18 »   —   id.   —
Le blé blanc,   —   id.   —   0 »   —   id.   —
Le Stand'up, qui donne un déficit de.........   35 »   —   id.   —

Il est permis de penser que les excédents ci-dessus auraient été plus considérables en année moins sèche ou pluvieuse, qui auraient mieux fait ressortir les avantages de résistance à la verse de l'Epi carré et surtout du Stand'up.

M. DUMONT-BEAUVOIS, à *Aubigny-au-Bac.*

Contenance totale........   1 hectare 10 ares 25
Contenance des parcelles 21 a. 22 et 25 a. 37

Nature du sol. — Argilo-siliceux.

Plante précédente. — Betteraves fumées avec 40.000 kil. fumier, 450 kil. superphosphates d'os, 400 kil. nitrate de soude.

Fumure pour blé. — Néant.

Semailles. — 12 Novembre en ligne de 16 c. 1/2 à raison de 150 kil. à l'hectare pour le blé blanc, Stand'up et Dattel, et 200 kil. pour les autres variétés.

Levée. — Le Chubb a eu la meilleure levée et c'est aussi cette variété qui a le mieux résisté à l'hiver.

Végétation. — Au mois de juin, le Chubb et le blé blanc paraissaient les meilleurs. Venaient ensuite le Dattel, le Stand'up, puis enfin l'épi carré roux qui depuis l'hiver était trop clair.

Récolte. — 9 août.

Rendements à l'hectare :

	Blanc de Flandre	Stand'up	Dattel	Chubb	Epi carré roux
Rendements en grain................	3370	3270	3800	4240	2850
id. en paille................	4100	3540	4900	5140	3420
Poids de l'hectolitre de grain........	80	81	80.5	80	79.5
Valeur marchande de l'hectolitre....	17	17	17	16.50	15.50
Valeur marchande des 1000 kg de paille	60	60	60	62	60
Hauteur moyenne des tiges.........	1.35	1.30	1.25	1.30	1.25
Résistance à la verse	mauvaise	moyenne	moyenne	bonne	bonne
Id. à la rouille	moyenne	moyenne	moyenne	bonne	mauvaise
Id. à la gelée	bonne	mauvaise	mauvaise	bonne	mauvaise
Id. à l'échaudage..........	bonne	bonne	bonne	bonne	mauvaise
Précocité	précoce	moyenne	moyenne	précoce	tard
Qualité de la paille	bonne	moyenne	moyenne	bonne	mauvaise
Id. du grain	bonne	moyenne	bonne	bonne	mauvaise

(Résultats certifiés par MM. Dessort, Tellier, Moreau).

Le Chubb ou épi roux carré, grain roux, a donné les meilleurs résultats, comme grain et comme paille. Il a eu une végétation absolument normale. Au contraire, le Stand'up et l'épi carré roux ont beaucoup souffert de la gelée, leur végétation horizontale s'est trop prolongée, comme cela a lieu dans les blés trop clairs, et la maturation en a souffert.

M. MOUSSAIN, à Assevent.

Un champ de 1 hectare 02 avait été ensemencé en 5 variétés. Semés un peu tard, (le 15 novembre) ces blés ont été détruits en grande partie par l'hiver; en partie réensemencé, ils ne présentaient plus aucun intérêt comme expérience.

M. PRUVOST-DAVAISNE, à Aulicourt.

Un champ de 1 hectare 40 avait été divisé en 5 parcelles, et ensemencé en autant de variétés de blé. Toutes les variétés sauf le Dattel, et le blé blanc ont été gelées en partie. Il a fallut y semer du blé de mars; l'expérience étant ainsi rendue nulle, nous ne croyons pas devoir donner de résultats.

M. SENOCQ, à La Longueville.

Quatre variétés avaient été réunies dans une pièce de 1 hectare; mais elles ont dû être remplacées au printemps par du blé de mars et de l'orge, le blé d'hiver ayant été gelé.

D'une manière générale, l'année a été favorable au blé blanc de Flandre, il a mieux résisté à l'hiver que les variétés à grand rendement d'origine anglaise ou allemande. De plus, la saison 1892 ayant été sèche, le blé blanc a parfaitement résisté à la verse, ce qui ne lui arrive généralement pas dans les années normales ou pluvieuses. Les variétés à paille courte, plus résistantes à la verse, n'ont donc pu manifester leur avantage, mais les variétés à épi carré ont pu avoir, sauf dans les cas où elles ont été trop éclaircies par l'hiver, une bonne maturation.

AVOINE

M. D. BELLE, à Loon-Plage

Contenance totale .... 1 hectare 80
Contenance des parcelles .... 30 ares

Nature du sol. — Argilo-siliceux.

Plantes précédentes. — En 1890, Betteraves avec superphosphates et nitrate.
En 1891, Blé avec nitrate.

Semailles. — 26 avril. Au semoir (lignes de 0.20) à raison de 150 litres à l'hectare.

Levée. — Bonne pour toutes les variétés.

Végétation. — Toutes les variétés ont souffert de la sécheresse, à laquelle la jaune des salines et géante à grappes, semblaient mieux résister.

Récolte. — 5 septembre.

Rendements à l'hectare.

	Jaune de Flandre (salines)	Jaune géante à grappes.	Noire prunier	Noire de Hongrie	Noire de Californie	Blanche de Hongrie	Chauds
Rendement en grains......	3.375	3.296	3.380	3.290	3.240	3.156	3.380
id. paille	4.450	4.445	3.985	3.945	4.120	4.835	3.425
Poids de l'hectolitre de grains	46	47	48	48	48	55	46
Valeur de 100 kil. de grains.	14	14	14	14	14	14	14
id. 1,000 kil. de paille	40	40	40	40	40	40	40
Hauteur moyenne des tiges..	1.50	1.55	1.35	1.40	1.60	1.54	1.60
Résistance à la verse.......	moy.	B	B	B	B	mauv.	mauv.
Précocité	moy.	tard.	préc.	préco.	préc.	moy.	préc.
Qualité de la paille........	B	B	moy.	moy	moy.	mauv.	mauv.
id. du grain	moy.	moy.	bonne	B	B	moy.	moy.

M. CHARLET, à Nordpeene.

Contenance totale.............. 1 hectare 32 ares
Contenance des parcelles........ 33 ares

Nature du sol. — Argileux-siliceux.

Plante précédente. — Blé avec fumier et nitrate.

Semailles. — 16 avril.

Levée. — 1er mai ; bonne pour toutes les variétés.

Végétation. — La végétation , quoiqu'entravée par la sécheresse, a été assez normale. L'avoine noire de Hongrie semblait mieux résister à la sécheresse. Et puis, cette variété semblait tenir la tête.

Récolte. — 25 août.

Rendements à l'hectare :

	Jaune de Flandre	Jaune Géante à grappes (Charlet)	Jaune Géante à grappes (Vilmorin)	Noire de Hongrie
Rendement en grain	4545 kil.	3940 kil.	4020 kil.	4245 kil.
— en paille..............	5673 kil.	5382 kil.	5000 kil.	5260 kil.
Poids de l'hectolitre de grain........	48 kil.	48 kil.	48 kil.	50 kil.
Valeur des 100 kil. de grain........	15 fr.	15 fr.	15 fr.	14 fr. 50
— 1000 kil. de paille........	45 fr.	45 fr.	45 fr.	45 fr.
Hauteur moyenne des tiges	1.30	1.20	1.20	1.20
Résistance à la verse	moyenne	bonne	bonne	bonne
Précocité	précoce	moyenne	moyenne	tardive
Qualité de la paille..............	bonne	moyenne	moyenne	moyenne
Qualité du grain..............	bonne	bonne	bonne	bonne

(Résultats certifiés par MM. Blondé, Vermesch, Persyn, Heele).

On peut voir que les prévisions ne se sont pas réalisées, l'avoine du pays, qui n'a pas eu à craindre la verse, a fourni les plus forts rendements en paille et en grain. On ne peut d'ailleurs faire à l'avoine de Flandre que le reproche de n'y pas assez résister dans les années normales ou pluvieuses.

M. DARTEVELLE, Clément, à Cerfontaine.

M. Dartevelle avait semé sur une terre de 1 hectare, trois variétés d'avoine qui ont beaucoup souffert de la sécheresse ; M. Dartevelle ne nous a transmis aucun chiffre sur les résultats obtenus.

M. DEHARWENG, à Douzies.

Contenance totale : 86 a. 92.
Contenance des parcelles... 20 a. 88, 21 a. 44, 22 a. 30. 22 a. 30.

Nature du sol. — Argilo-siliceux.

Plante précédente. — Orge d'hiver avec fumier.

Semailles. 25 avril, au semoir, à 0,18.

Levée. — Régulière.

Végétation. — La parcelle qui semblait le mieux résister à la sécheresse, était le N° 4, Noire de Hongrie. Toutes les variétés ont cependant beaucoup souffert.

Récolte. — 25 août pour la Groningue.
1er septembre pour la jaune Géante à grappes, la Noire de Hongrie, et 3 septembre pour la jaune des Salines.

Rendements à l'hectare :

	Groningue	Jaune de Flandre	Jaune Géante à grappes	Noire de Hongrie
Rendements en grain	3000 kil.	3500 kil.	3400 kil.	3000 kil.
— en paille	3200 kil.	3600 kil.	3400 kil.	3000 kil.
Pois de l'hectolitre de grain	48 kil.	45 kil.	42 kil.	45 kil.
Valeur des 100 kil. de grain	17 fr.	17 fr.	16 fr.	18 fr.
— 1000 kil. de paille	75 fr.	80 fr.	75 fr.	75 fr.
Hauteur moyenne des tiges	1m00	1.50	1.50	1.10
Résistance à la verse	bonne	moyenne	bonne	bonne
Précocité	hâtive	moyenne	moyenne	moyenne
Qualité de la paille	bonne	très bonne	moyenne	passable
Qualité du grain	très bonne	bonne	moyenne	moyenne

(Résultats certifiés par MM. Gardinal, Carmalez, Samin et Leclercq).

Les résultats comme on le voit, sont très favorables à la jaune de Flandre.

M. DERKENNE, à Feignies.

Contenance totale .... 90 ares.
Contenance des parcelles .... 30 ares.

Nature du sol. — Argilo-siliceux.

Plante précédente. — Blé après betteraves fumées.

Semailles. — 25 avril : à raison de 150 kil, en lignes à 0 ^{m} 15.

Levée. — 3, 4 et 6 mai : assez régulière.

Végétation. — La Géante à grappes a toujours semblé meilleure, mais toutes les variétés ont été très éprouvées par la sécheresse.

Récolte. — 20 août pour la Géante.

25 août pour la noire de Hongrie.

3 septembre pour l'avoine du pays.

Rendements à l'hectare :

	Pays.	Jaune Géante à grappes.	Noire de Hongrie.
Rendement en grain	2.030 kil.	2.566 kil.	2.300 kil.
— — paille	3.500 kil.	3.830 kil.	3.400 kil.
Poids de l'hectolitre de grain	44 kil.	48 kil.	50 kil.
Valeur de 100 kil. de grain	15 fr.	15 fr.	16 fr.
— 1000 kil. de paille	60 fr.	60 fr.	60 fr.
Hauteur moyenne des tiges	1 mètre	1 ^{m} 12	1 mètre
Résistance à la verse	moyenne	bonne	bonne
Précocité	moyenne	précoce	moyenne
Qualité de la paille	moyenne	moyenne	moyenne
Qualité du grain	mauvaise	moyenne	moyenne

M. WOUTTERS, à Halluin

en collaboration avec M. LEFEBVRE, instituteur

Contenance totale .... 25 ares
Contenance des parcelles .... 5 ares

Nature du sol. — Argilo-siliceux.

Plante précédente. — Seigle.

Semailles. — A la volée, à raison de 120 kil. Les semailles ont eu lieu le 14 avril.

Levée. — La levée s'est faite en 2 fois : le 25 avril et le 10 mai. La sécheresse a beaucoup nui à la levée.

Végétation. — Malgré la sécheresse, la Géante à grappes a toujours tenu la tête, suivie de près par la noire de Hongrie.

Récolte. — 8 septembre.

Rendements à l'hectare. :

	Jaune de Flandre.	Jaune Géante à grappes.	Noire de Hongrie.	Canadienne blanche.	Hâtive de Sibérie
Rendement en grain	2.760 kil.	4.800 kil.	4.720 kil.	2.820 kil.	2.800 kil.
— en paille	4.300 kil.	7.800 kil.	5.600 kil.	4.160 kil.	4.060 kil.
Poids de l'hectolitre de grain	47 kil.	47 kil.	48 kil.	46 kil. 500	47 kil.
Valeur des 100 kil. de grain	17 fr. 50	17 fr. 50	17 fr.	17 fr. 50	17 fr. 50
— 1000 kil. de paille	30 fr. »	30 fr. »	30 fr.	30 fr. »	30 fr. »
Hauteur moyenne des tiges	1 mètre	1 m 10	1 mètre	1 mètre	1 mètre
Résistance à la verse	bonne	bonne	bonne	bonne	bonne
Précocité	moyenne	précoce	moyenne	moyenne	précoce
Qualité de la paille	bonne	bonne	bonne	bonne	bonne
Qualité du grain	bonne	bonne	bonne	bonne	bonne

En général, on peut estimer qu'en 1892, l'avoine Jaune de Flandre qui n'a comme le blé blanc qu'un seul défaut, c'est de résister difficilement à la verse, a donné, comme en toute année sèche, d'excellents résultats. Les avoines unilatérales ont montré moins de supériorité, quant au rendement, et à la résistance à la verse, que dans les années normales ou pluvieuses.

BETTERAVES

M. MOUSSAIN, à Assevent

Contenance totale.......................... 1 h. 77
Contenance des parcelles.................. 23 a., 24 a., 93 a., 27 a.

Nature du sol. — Argileux.

Plante précédente. — Trèfle.

Fumure. — 40.000 kil. de fumier, 1.000 kil. superphosphates et 300 kil. de nitrate.

Semailles. — 0ᵐ42 sur 0ᵐ25, le 5 mai.

Levée. — 15 mai ; la levée n'a été que moyenne, à cause de la sécheresse.

Arrachage. — Les 27 et 29 octobre.

Rendements à l'hectare :

	Vilmorin améliorée	Betteraves N° 1 (X)	Betteraves N° 2 (Dippes allemande)	Betteraves N° 3 (Sucrerie d'Hautmont)
Rendement en poids..................	26.361 k.	28.853 k.	26.570 k.	36.440 k.
Densité................................	7.2	7.4	7.8	6.9
Sucre (du jus).......................	15.32	15.87	16.71	14.81
Valeur des 1.000 kil. de racines.....	27 f. 44	28 f. 80	30 f. 76	25 f.

M. SAUVET, à Gonnelieu

Contenance totale........................ 35 a. 46
Contenance des parcelles................. 17 . 73

Nature du sol. — Argileux.

Plante précédente. — Betteraves avec fumier et 400 kil. de tourteaux de sésame.

Semailles. — 20 avril; à 0ᵐ43 sur 0ᵐ25.

Levée. — Irrégulière par suite de la sécheresse.

Récolte. — 26 octobre.

Rendements :

	Blanche 1/2 longue riche (Desprez nº 1)	Blanche longue, riche (Desprez nº 1 *bis*)
Rendement en poids	37.880 k.	34.270 k.
Densité	7.2	6.9
Valeur des 1.000 kilogrammes	30 fr.	28 fr.

M. FRANÇOIS, *à Château-l'Abbaye*

M. François avait mis en comparaison quatre variétés de betteraves, il ne nous a transmis aucun résultat.

COLZA DE PRINTEMPS

M. COQUELLE, *à Mastaing*

Nous avions établi avec M. Coquelle, un champ d'expériences où nous comparions le Colza de printemps ordinaire, au Koubja de Russie. Nous avions également deux fumures en comparaison. Malheureusement la sécheresse a rendu la récolte assez nulle, pour que nous engagions M. Coquelle à ne pas peser les produits des différentes parcelles.

TABLE DES MATIÈRES

LIN

Essais de fumures et de variétés

www.ingramcontent.com/pod-product-compliance
Lightning Source LLC
Chambersburg PA
CBHW072002090426
42740CB00011B/2052